DEIN COACH ZUM ERFOLG!

So geht's ins ActiveBook:

Du kannst auf alle digitalen Inhalte zu diesem Band online zugreifen. Registriere dich dazu unter **www.stark-verlag.de/mystark** mit deinem **persönlichen Zugangscode:**

Z4Z5-X3G6-M2M6

gültig bis 31. Juli 2021

Das ActiveBook bietet dir:

- Viele zusätzliche interaktive Übungsaufgaben zu allen prüfungsrelevanten Kompetenzbereichen
- Sofortiges Feedback und Auswertung der Ergebnisse
- Interaktive Lösungen: in kleinen Schritten zum Ergebnis
- Vorgerechnete Beispiele als weitere Hilfe

ActiveBook

DEIN COACH ZUM ERFOLG!

So kannst du interaktiv lernen:

Interaktive Aufgaben

1.6 Elektrizitätslehre

3. Lampe

Eine 15-Watt-Lampe L ist für eine Spannung von $U_L = 7{,}0$ V zertifiziert und soll durch Vorschalten eines Widerstands R_V an einer Gleichspannungsquelle ($U_{ges} = 15{,}0$ V) betrieben werden (siehe Abb. rechts).
a) Berechne den Wert des Vorwiderstands R_V, sodass die Lampe maximale Leistung im Rahmen der Spezifikation erbringt.
b) Berechne die elektrische Leistung, die im Vorwiderstand R_V verbraucht wird.

- Interaktive Lösung
- Beispiel anzeigen
- Drucken

a) Es gilt:
$R_V = \boxed{3{,}7}\ \Omega$

✓ Gut gemacht!
Nächste Aufgabe

(Gib dein Ergebnis auf eine Nachkommastelle genau an.)

Sofortiges Feedback zu jeder Eingabe

1 Schritt übrig

Interaktive Lösung mit kleinschrittiger Anleitung zu jeder Aufgabe

Vorgerechnetes Beispiel zu vielen Aufgaben

ℹ Interaktive Lösung

Eine 15-Watt-Lampe L ist für eine Spannung von $U_L = 7{,}0$ V zertifiziert und soll durch Vorschalten eines Widerstands R_V an einer Gleichspannungsquelle ($U_{ges} = 15{,}0$ V) betrieben werden (siehe Abb. rechts).
a) Berechne den Wert des Vorwiderstands R_V, sodass die Lampe maximale Leistung im Rahmen der Spezifikation erbringt.
b) Berechne die elektrische Leistung, die im Vorwiderstand R_V verbraucht wird.

a) Für den Vorwiderstand R_V gilt:
- ✓ A. $R_V = \dfrac{U_V}{I}$
- ○ B. $R_V = U_V \cdot I$
- ○ C. $R_V = \dfrac{I}{U_V}$

Zuerst wird der Spannungsabfall U_V am Vorwiderstand der Reihenschaltung bestimmt. Es gilt:
- ○ A. $U_L = U_{ges} + U_V$
- ○ B. $U_V = U_{ges} + U_L$

7 Schritte übrig

ℹ Beispiel

Eine 40-Watt-Lampe L ist für eine Spannung von $U_L = 8{,}0$ V zertifiziert und soll durch Vorschalten eines Widerstands R_V an einer Gleichspannungsquelle ($U_{ges} = 14{,}0$ V) betrieben werden (siehe Abb. rechts).
a) Berechne den Wert des Vorwiderstands R_V, sodass die Lampe maximale Leistung im Rahmen der Spezifikation erbringt.
b) Berechne die elektrische Leistung, die im Vorwiderstand R_V verbraucht wird.

a) Für den Vorwiderstand R_V gilt $R_V = \dfrac{U_V}{I}$.

Zuerst wird der Spannungsabfall U_V am Vorwiderstand der Reihenschaltung bestimmt.
Es gilt $U_{ges} = U_L + U_V$.

Auflösen nach U_V und Einsetzen der Zahlenwerte:
$U_V = U_{ges} - U_L$
$U_V = 14{,}0\ \text{V} - 8{,}0\ \text{V}$
$= 6{,}0\ \text{V}$

Die Stromstärke I ist im gesamten Stromkreis gleich und wird als Nächstes berechnet.
Für die elektrische Leistung P_L der Lampe gilt $P_L = U_L \cdot I$.
Klicke auf „Weiter", um mehr anzuzeigen.

11 Schritte übrig

Systemvoraussetzungen:
- Windows 7/8/10 oder Mac OS X ab 10.9
- Mindestens 1024×768 Pixel Bildschirmauflösung
- Chrome, Firefox oder ähnlicher Webbrowser
- Internetzugang

2021

Realschulabschluss
Original-Prüfungsaufgaben mit Lösungen

Sachsen

Physik

© 2020 Stark Verlag GmbH
21. ergänzte Auflage
www.stark-verlag.de

Das Werk und alle seine Bestandteile sind urheberrechtlich geschützt. Jede vollständige oder teilweise Vervielfältigung, Verbreitung und Veröffentlichung bedarf der ausdrücklichen Genehmigung des Verlages. Dies gilt insbesondere für Vervielfältigungen, Mikroverfilmungen sowie die Speicherung und Verarbeitung in elektronischen Systemen.

Inhalt

Vorwort
Stichwortverzeichnis

Hinweise und Tipps zur Abschlussprüfung in Physik

Struktur der schriftlichen Abschlussprüfung im Fach Physik I
Prüfungsschwerpunkte I
Zur Bewertung der Prüfung III
Operatoren IV
Bewährte Strategien für das Lösen physikalischer Aufgabenstellungen V
Zum Umgang mit diesem Buch V

Abschlussprüfung 2011

Pflichtaufgaben 2011-1
Lösungen 2011-4
Wahlaufgaben 2011-6
Lösungen 2011-12

Abschlussprüfung 2012

Pflichtaufgaben 2012-1
Lösungen 2012-4
Wahlaufgaben 2012-6
Lösungen 2012-12

Abschlussprüfung 2013

Pflichtaufgaben 2013-1
Lösungen 2013-4
Wahlaufgaben 2013-7
Lösungen 2013-13

Abschlussprüfung 2014

Pflichtaufgaben 2014-1
Lösungen 2014-4
Wahlaufgaben 2014-6
Lösungen 2014-12

Abschlussprüfung 2015

Pflichtaufgaben 2015-1
Lösungen 2015-4
Wahlaufgaben 2015-6
Lösungen 2015-12

Fortsetzung siehe nächste Seite

Abschlussprüfung 2016

Pflichtaufgaben	2016-1
Lösungen	2016-4
Wahlaufgaben	2016-6
Lösungen	2016-11

Abschlussprüfung 2017

Pflichtaufgaben	2017-1
Lösungen	2017-4
Wahlaufgaben	2017-7
Lösungen	2017-13

Abschlussprüfung 2018

Pflichtaufgaben	2018-1
Lösungen	2018-4
Wahlaufgaben	2018-7
Lösungen	2018-13

Abschlussprüfung 2019

Pflichtaufgaben	2019-1
Lösungen	2019-4
Wahlaufgaben	2019-7
Lösungen	2019-12

Abschlussprüfung 2020   www.stark-verlag.de/mystark

Das Corona-Virus hat im vergangenen Schuljahr auch die Prüfungsabläufe durcheinandergebracht und manches verzögert. Daher sind die Aufgaben und Lösungen zur Prüfung 2020 in diesem Jahr nicht im Buch abgedruckt, sondern erscheinen in digitaler Form. Sobald die Original-Prüfungsaufgaben 2020 zur Veröffentlichung freigegeben sind, können Sie sie als PDF auf der Plattform MyStark herunterladen.

Jeweils im Herbst erscheinen die neuen Ausgaben
der Abschlussprüfungsaufgaben mit Lösungen.

Ihr Coach zum Erfolg: Mit dem **interaktiven Training** erhalten Sie online auf MyStark Aufgaben zu allen relevanten Themengebieten der Abschlussprüfung in Physik. Am besten gleich ausprobieren!
Ausführliche Infos inkl. Zugangscode finden Sie auf den Farbseiten vorne in diesem Buch.

Autor:

Dr. Bernd Liebau, Leipzig

Vorwort

Liebe Schülerinnen und Schüler,

das vorliegende Buch ist ein **Übungsbuch**, das sich an die Schüler der 10. Klasse wendet, die sich gezielt auf die schriftliche und mündliche Realschulabschlussprüfung vorbereiten möchten. Zusätzlich kann damit der Physik-Schulstoff außerhalb des Unterrichts effektiv geübt und wiederholt werden.

Anhand der Aufgabenstellungen der **Abschlussprüfungen** der letzten Jahre wird Ihnen ein Eindruck über die Anforderungen der Abschlussprüfungen vermittelt.

Zu allen Aufgaben sind **vollständige und ausführliche Lösungsvorschläge** abgedruckt, die von unserem Autor ausgearbeitet wurden. Zusätzlich werden Tipps und Hinweise zum Finden eines Lösungsansatzes gegeben. Sie helfen Ihnen, die Aufgaben möglichst selbstständig zu lösen. Die Lösungen sind schülergerecht aufbereitet. Jeder einzelne Lösungsschritt kann nachvollzogen werden. Die aufgeführten Lösungen stellen dabei häufig **eine Möglichkeit** dar. An vielen Stellen werden auch alternative Lösungswege beschrieben.

Darüber hinaus hilft Ihnen dieses Buch auch bei der Vorbereitung auf Klassenarbeiten, denn Ihre Physiklehrerinnen und -lehrer orientieren sich bei der Auswahl von Aufgaben am Abschlussniveau der 10. Klasse.

Sollten nach dem Erscheinen dieses Bandes noch wichtige Änderungen in der Abschlussprüfung 2021 vom Kultusministerium in Sachsen bekannt gegeben werden, finden Sie aktuelle Informationen dazu auf der Plattform MyStark (Zugangscode vgl. Farbseiten).

Wir wünschen Ihnen viel Freude bei der Arbeit mit diesem Buch und Erfolg bei der Abschlussprüfung!

Dr. Bernd Liebau und Stark Verlag

Stichwortverzeichnis 2011–2019

Aggregatzustandsänderung 2019-8
Amplitude 2011-14; 2014-6; 2015-7
Arbeit, mechanische 2012-9; 2013-8
Auftrieb 2012-6; 2014-1

Beschleunigung 2013-8; 2015-2; 2016-8; 2018-2; 2019-9
Beugung 2014-6
Bewegungen 2013-7; 2015-2, 9; 2016-8; 2019-9
Brechung 2012-8; 2013-1; 2014-2; 2015-2; 2017-2

Dichte 2012-6; 2017-9
Dieselmotor 2012-9; 2016-8

Energie
– chemische 2017-9
– mechanische 2013-9; 2019-9
– nutzbare 2019-9
Energiekosten 2014-8
Energiespeicher 2013-9
Energieumwandlungen 2011-1, 7, 8; 2012-9; 2013-10; 2014-8; 2015-6, 9; 2016-8; 2017-2; 2019-7

Fadenpendel 2013-1; 2014-6; 2015-7; 2019-7
Fallbeschleunigung 2015-7
Federkonstante 2013-8
Fotovoltaik 2011-8
Frequenz 2011-9; 2013-1; 2015-7

Gasballon 2012-7
geneigte Ebene 2015-15
Generator 2013-10; 2018-8; 2019-9
Geschwindigkeit 2011-2, 8; 2013-8; 2014-1; 2015-2, 9; 2017-9; 2019-1
Geschwindigkeit-Zeit-Diagramm 2013-8; 2015-2; 2017-9; 2018-2, 9
Gleichstrommotor 2016-8
Glühlampe 2013-7
Gravitationsgesetz 2011-5; 2015-1

Halbleiterdiode 2012-9; 2018-8
Halbleiterwiderstand 2013-7
Halbwertszeit 2011-1; 2016-2
Heißluftballon 2012-7
Heizwert 2014-8
Hertz'sche Wellen 2015-7; 2019-1
Hook'sches Gesetz 2013-8
Horizontsystem 2012-8; 2013-2

Induktion, elektromagnetische 2011-6

Informationsübertragung 2018-10
I-U-Kennlinie 2013-7; 2014-7

Kepler'sche Gesetze 2011-5; 2015-1
Kernkraftwerk 2012-9
Kernphysik 2011-1
kraftumformende Einrichtungen 2013-8; 2015-9; 2017-1
Kraftwerk 2013-10; 2015-9; 2019-9
Kurzschluss 2016-6

Lärmschutz 2016-8
Leistung
– elektrische 2012-9; 2014-9; 2016-6
– mechanische 2012-9; 2013-9; 2017-10
Leuchtdiode 2013-7; 2014-7; 2015-1
Luftdruck 2013-2

Mondfinsternis 2011-8; 2017-1; 2018-9
Mondphasen 2011-8; 2012-8; 2013-2; 2017-1; 2018-9

Newton'sche Gesetze 2015-9

Ohm'sches Gesetz 2013-7; 2014-7
Ottomotor 2012-9

Parallelschaltung 2014-7; 2016-6
Periodendauer (Schwingungsdauer) 2011-9; 2012-2; 2013-1; 2014-6; 2015-7; 2017-2; 2019-7
Planeten 2018-9

Radioaktive Strahlung 2011-1; 2016-1
Rakete 2018-9
Reibung 2016-15
Reihenschaltung 2013-10; 2016-6

Sammellinse 2011-2; 2016-1
Schalldämpfung 2011-2; 2016-8
Schallwellen 2011-9; 2014-6; 2015-7; 2016-8; 2018-1
Schwingungen,
– gedämpfte 2012-2; 2014-6; 2017-2
– mechanische 2014-6; 2015-7; 2019-7
Siedetemperatur 2013-2
Solarthermie 2018-7; 2019-10
Solarzelle 2014-9
Sonne 2012-8
Sonnenfinsternis 2016-1
Sonnenuhr 2011-9
Spektrum 2011-13; 2012-8
Spiegel 2012-7
Sternkarte 2011-2; 2012-8; 2013-2; 2015-9; 2016-1; 2018-9; 2019-1

Stimmgabel 2014-6
Temperatur 2017-8
Temperatur-Zeit-Diagramm 2012-1; 2016-7; 2017-8; 2018-7
Thermometer 2015-6; 2016-7; 2017-8; 2019-7
Totalreflexion 2013-1; 2015-2; 2017-2; 2019-2
Trägheitsgesetz 2011-15; 2012-1; 2016-1; 2017-9
Transformator 2011-6; 2012-1; 2013-10; 2014-1; 2016-12; 2017-7; 2018-8; 2019-1
Ultraschall 2018-1
Viertakt-Ottomotor 2016-8
Vorwiderstand 2014-7; 2016-6; 2018-2

Wärme 2011-7; 2012-1; 2014-8; 2015-6; 2016-7, 8; 2017-8; 2018-1; 2019-8
Wärmedämmung 2011-7; 2014-8
Wärmekapazität, spezifische 2015-6; 2017-16
Wärmeübertragung 2015-6; 2019-8
Weg-Zeit-Diagramm 2017-9; 2019-2
Wellenlänge 2015-8
Widerstand
– elektrischer 2013-7; 2018-8
– Temperaturabhängigkeit 2018-8
Widerstandsgesetz 2014-7; 2017-7
Wirkungsgrad 2011-6, 7; 2012-1, 9; 2013-7, 9; 2015-6, 9; 2016-8; 2017-7; 2018-7; 2018-8; 2019-10
y-t-Diagramm 2011-10; 2015-7; 2019-7

Hinweise und Tipps zur Abschlussprüfung in Physik

Struktur der schriftlichen Abschlussprüfung im Fach Physik

Die schriftliche Abschlussprüfung für den Realschulabschluss in Sachsen besteht aus zwei Teilen. Im **Teil 1** sind alle Pflichtaufgaben aus verschiedenen Themenbereichen zu lösen. Aufgabe 1 beinhaltet meist ein Demonstrationsexperiment. Im **Teil 2** stehen Ihnen drei Aufgaben zur Wahl, von denen Sie nur eine Aufgabe zu bearbeiten haben. Bei einer dieser Wahlaufgaben handelt es sich um ein Schülerexperiment. Die Gesamtarbeitszeit beträgt 150 Minuten. Zusätzlich stehen Ihnen 15 Minuten zur Verfügung, um sich mit den Aufgaben vertraut zu machen.

Als **Hilfsmittel** dürfen Sie verwenden:
– Tabellen- und Formelsammlung ohne ausführliche Musterbeispiele sowie ohne Wissensspeicheranhang
– nicht programmierbarer Taschenrechner

Prüfungsschwerpunkte

Beide Teile der Prüfung enthalten Aufgaben aus den verschiedenen Teilgebieten der Physik. Inhaltliche Schwerpunkte sind:

Körper und Stoff
– Teilchenvorstellungen
– Unterschiede zwischen festen, flüssigen und gasförmigen Körpern
– Volumen
– Masse
– Dichte

Kraft und ihre Wirkungen
– Form- und Bewegungsänderungen
– Gewichtskraft, Federkraft
– Kraft als physikalische Größe
– Masse und Gewichtskraft
– Reibung
– Mechanische Arbeit
– Mechanische Leistung
– Kraftumformende Einrichtungen

Energie, Umwelt, Mensch
– Energie als Eigenschaft von Körpern
– Energieformen
– fossile und regenerative Energieträger
– Energieumwandlung und -übertragung
– Kraftwerke
– Energieerhaltungssatz

Druck und seine Wirkungen
- Auflagedruck
- Druck eingeschlossener Gase
- Druck eingeschlossener Flüssigkeiten
- Schweredruck in Gasen und Flüssigkeiten

Bewegungen und ihre Ursachen
- Geschwindigkeit
- Beschleunigung
- gleichförmige Bewegungen
- gleichmäßig beschleunigte Bewegungen
- Newton'sche Gesetze
- Energieerhaltungssatz
- Energieumwandlungen
- mechanische Schwingungen

Wärme und Wärmekraftmaschinen
- Temperatur und Teilchenbewegung
- Aufbau Flüssigkeitsthermometer
- Aggregatzustände und Aggregatzustandsänderungen
- Volumenänderung bei Temperaturänderung
- Energieübertragung durch Wärme
- Viertakt-Ottomotor und Viertakt-Dieselmotor
- Energieumwandlung in Wärmekraftmaschinen
- Wirkungsgrad

Elektrische Leitungsvorgänge
- Bedeutung des elektrischen Stromes
- Wirkungen des elektrischen Stromes
- Leiter und Isolatoren
- Stromstärke
- Spannung
- Stromstärke und Spannung im verzweigten und unverzweigten Stromkreis
- Elektrische Leistung
- Elektrische Energie

Leitungsvorgänge in Metallen
- Zusammenhang zwischen Stromstärke und Spannung
- elektrischer Widerstand
- Technische Sachverhalte: Kurzschluss, Sicherungen, veränderbare Widerstände, Vorwiderstände

Leitungsvorgänge in Halbleitern
- Eigenleitung
- n- und p-Leitung
- Halbleiterdiode
- Fotovoltaik

Erzeugung und Umformung elektrischer Energie
- Magnetisches Feld
- Gleichstrommotor
- Elektromagnetische Induktion
- Wechselstromgenerator
- Transformator

Kernumwandlungen
- Nutzen und Gefahren von Kernprozessen
- natürliche Radioaktivität
- künstliche Kernumwandlungen
- Kernkraftwerk

Kosmos, Erde und Mensch
- Geschichte der Astronomie
- Orientierung am Sternenhimmel
- Sonne als Stern
- Erde und ihr Mond
- Planeten mit typischen Eigenschaften
- Planetoiden, Kometen, Meteoriten
- Bewegungen der Planeten
- Entwicklung des Weltalls

Grundlagen der Informationsübertragung
- Schallwellen
- Hertz'sche Wellen
- Lichtleiter
- Brechungsgesetz und Totalreflexion

Licht und Farben
- Lichtausbreitung
- Bildentstehung bei einfachen optischen Geräten
- Wellencharakter des Lichtes
- Interferenz durch Beugung
- Zerlegung weißen Lichts durch Brechung
- Optische Verfahren und Phänomene

Die Lösung der Aufgaben erfordert, dass Sie anwendungsbereites **Wissen** über grundlegende physikalische und astronomische Begriffe, Sachverhalte und Zusammenhänge besitzen, auch fachgebietsübergreifend. Ebenso müssen Sie Sach- und Werturteile begründet darlegen können.

Darüber hinaus werden naturwissenschaftliche **Arbeitstechniken** verlangt, insbesondere:
- das Planen, Beobachten, Durchführen und Auswerten von Experimenten,
- die Informationsentnahme aus Texten,
- das Auswerten und Erstellen von Diagrammen, Tabellen sowie schematischen Darstellungen,
- das Erklären einfacher technischer Anwendungen sowie vergleichen, argumentieren und interpretieren.

Zur Bewertung der Prüfung

Für die Prüfungsarbeit können 50 Bewertungseinheiten von Ihnen erreicht werden. Davon werden 25 Bewertungseinheiten für den Pflichtteil und 25 Bewertungseinheiten für den Wahlteil vergeben. Bewertungseinheiten werden nur erteilt, wenn Lösungswege nachvollziehbar dargestellt sind. So kommt es bei Berechnungen darauf an, dass alle erforderlichen Teilschritte, wie Aufgabenanalyse, verwendete Formeln, Einsetzen der **Zahlenwerte mit Einheiten**, Formulierung des Ergebnisses vollständig angegeben sind.

Die Bewertung der Prüfungsarbeit erfolgt in zwei Schritten. Zunächst wird die Arbeit von Ihrem Physiklehrer oder Ihrer Physiklehrerin bewertet. Ein weiterer Physiklehrer oder eine weitere Physiklehrerin führen danach eine Zweitkorrektur durch.

Für den **Bewertungsmaßstab** gilt folgende Zuordnung:

Anzahl der erreichten BE	Note
47 bis 50	1 (sehr gut)
38 bis 46	2 (gut)
30 bis 37	3 (befriedigend)
20 bis 29	4 (ausreichend)
10 bis 19	5 (mangelhaft)
0 bis 9	6 (ungenügend)

Operatoren

Aus der **Aufgabenformulierung** kann im Allgemeinen auf die Art und den Umfang der zu erbringenden Leistung geschlossen werden. Sie sollten sich deshalb mit den üblichen „Signalwörtern", den sogenannten **Operatoren**, vertraut machen. Wenn also beispielsweise „Zeichnen Sie …" verlangt ist, müssen Sie eine möglichst exakte Darstellung anfertigen, eine einfache Skizze reicht dann nicht aus.

In der nachfolgenden Tabelle finden Sie zu ausgewählten Operatoren in der linken Spalte neben der Erläuterung (mittlere Spalte) jeweils ein Formulierungsbeispiel sowie in Klammern einen Verweis auf eine konkret in einer der letzten Prüfungen gestellte Aufgabe, die diesen Operator aufweist (rechte Spalte).

Operator	Bedeutung	Beispiel
angeben, nennen, formulieren	Bekannte Inhalte wiederholen oder zusammenfassen oder aufzählen	Geben Sie eine auftretende Energieumwandlung an. (S. 2011-1)
bezeichnen beschriften, benennen	Bestandteile von Versuchsaufbauten, Schemata, Bauteilen und Geräten kenntlich machen.	Ordnen Sie die Begriffe Zündkerze, Auslassventil, Kolben und Kurbelwelle den entsprechenden Zahlen zu.
beschreiben	Merkmale, Eigenschaften, Vorgänge oder Zusammenhänge durch umfassende Angaben zusammenhängend und geordnet darstellen mit Worten oder Bildern	Beschreiben Sie die Entstehung einer Mondfinsternis. (S. 2011-8)
darstellen, skizzieren, zeichnen	Sachverhalte beschreiben und durch eine vorgegebene Darstellungsform veranschaulichen.	Zeichnen Sie ein zugehöriges ϑ-t-Diagramm.
erklären, begründen	Eine bestimmte Erscheinung, einen Vorgang zusammenhängend und geordnet darstellen; die Angabe der Bedingungen und der wirkenden Gesetze ist notwendig.	Bei einer Gefahrenbremsung wird automatisch Sand vor die Räder der Lok auf die Schienen geblasen. Begründen Sie diese Maßnahme aus physikalischer Sicht.
erläutern	Sachverhalte (Vorgänge, Arbeitsweisen) unter Angabe zusätzlicher Informationen (Beispiele, Fakten) anschaulich und verständlich darstellen.	Erläutern Sie einen Nachteil des Einsatzes von Solarzellen zur Energieumwandlung. (S. 2011-8)

vergleichen	Gemeinsamkeiten und/oder Unterschiede feststellen und eventuell Schlussfolgerungen ableiten.	Vergleichen Sie den Aufbau und die Wirkungsweise der beiden Motoren.
interpretieren	Diagramme, Gleichungen, Aussagen deuten und Zusammenhänge des Sachverhaltes verdeutlichen	Entscheiden Sie, welches der folgenden Diagramme den Bewegungsablauf richtig beschreibt.
auswerten	Ergebnisse von Experimenten mit vorgegebenen Fragestellungen festhalten und einordnen.	Stellen Sie den Temperaturverlauf beider Wassermengen in einem gemeinsamen Diagramm dar.
werten, bewerten, beurteilen, entscheiden, positionieren	Die Bedeutung von Prozessen oder Aussagen für den Menschen aus aktueller oder historischer Sicht benennen und ein begründetes Urteil abgeben. Stellung nehmen und den Wahrheitswert von Aussagen einschätzen.	Positionieren Sie sich zu diesem Verbot. (S. 2013-7)
berechnen	Angabe der Maßzahl einer Größe, wobei ein exaktes Verfahren zu nutzen ist.	Berechnen Sie die dem Wasser zugeführte Wärme. (S. 2011-7)
bestimmen, ermitteln	Angabe der Maßzahl einer Größe, wobei nicht zwingend ein bestimmtes Verfahren zu wählen ist.	Ermitteln Sie die Brechungswinkel an beiden Grenzflächen.
experimentieren	Planmäßige und zielgerichtete praktische Untersuchung, bei der die Messwerte erfasst und ausgewertet, sowie die Ergebnisse dargestellt werden.	Untersuchen Sie den Temperaturverlauf beim Wärmeaustausch zweier Wassermengen.

Bewährte Strategien für das Lösen physikalischer Aufgabenstellungen

- Lesen Sie sich die gestellte Aufgabe in Ruhe und bis zum Ende durch, bevor Sie mit der Bearbeitung beginnen.
- Finden Sie die gesuchten und gegebenen Größen aus der Aufgabenstellung heraus. Achten Sie darauf, dass die Einheiten zusammenpassen und rechnen Sie diese in eine gemeinsame Einheit um.
- Auch Skizzen können beim Finden der Lösung hilfreich sein. Tragen Sie in diese gegebenenfalls wesentliche Größen ein.
- Führen Sie in der Berechnung immer die Einheiten mit. Sie haben so eine zusätzliche Kontrollmöglichkeit, ob die Formel richtig umgestellt ist oder alle Einheiten zueinander passen.
- Überlegen Sie am Ende jeder Berechnung, ob die Größenordnung ihres Ergebnisses der Realität entsprechen kann. (Beispiel: Wenn Sie für die Geschwindigkeit einer Straßenbahn $50\frac{m}{s}$ erhalten, so müssen Sie Ihre Berechnung überprüfen.)

Zum Umgang mit diesem Buch

Das Buch enthält die offiziellen Prüfungsaufgaben der letzten Jahre. Zu allen Aufgaben finden Sie im Anschluss komplett ausgearbeitete **Musterlösungen** mit Erläuterung des Lösungsweges. Darüber hinaus sind bei den Prüfungsaufgaben zwischen den Aufgaben und Lösungen **Tipps und Hinweise** zu den einzelnen Teilaufgaben eingefügt. Sie sind durch eine graue Raute markiert und nach zunehmendem Grad der Hilfestellung geordnet.

Für die Vorbereitung auf die Prüfung ist es wichtig, dass Sie immer versuchen, allein mit der Aufgabenstellung zu Recht zu kommen. Sollten Sie bei einer Aufgabe keinen eigenen Lösungsansatz finden, so lesen Sie den ersten Tipp. Sie erhalten einen **Denkanstoß** und können nun erneut versuchen einen Lösungsansatz zu finden. Wenn Sie nicht weiterkommen, lesen Sie den nächsten Tipp usw. Schlagen Sie in der Lösung erst nach, wenn Sie mit allen zu der Aufgabe gehörenden Tipps nicht weiterkommen.

Die Musterlösung dient zum einen zur **Kontrolle**, ob Sie die Aufgabe richtig und vollständig gelöst haben, zum anderen gibt Sie Ihnen eine ausführliche Hilfestellung, wenn Sie trotz der Tipps und Hinweise Schwierigkeiten bei der Bearbeitung haben (Tipps und Hinweise sind am linken Textrand durch eine Raute ✦ gekennzeichnet). Planen Sie Ihre Lern- und Übungszeit so, dass Sie am Ende Ihrer Prüfungsvorbereitung in der Lage sind, die Aufgaben weitgehend ohne Hilfestellung zu lösen. Wenn Sie dieses Ziel erreicht haben, dann sind Sie gut auf die anstehende Prüfungsarbeit vorbereitet.

Realschulabschluss 2011 Physik (Sachsen)
Pflichtaufgaben

Aufgabe 1: Schwingungen BE

Vom Lehrer wird Ihnen ein Experiment vorgeführt.
Einem drehbar gelagerten Stativstab wird einmalig Energie zugeführt.

1.1 Beobachten Sie die Amplitude des schwingenden Stabes. (Betrachten Sie dabei das untere Ende des Stabes.) Notieren Sie Ihr Beobachtungsergebnis. 1

1.2 Entscheiden Sie, welche Schwingungsart vorliegt. 1

1.3 Skizzieren Sie ein zugehöriges y(t)-Diagramm für mindestens drei Perioden. 3

1.4 Geben Sie eine auftretende Energieumwandlung an. 1

Aufgabe 2: Kernphysik

Radioaktive Elemente zerfallen unter Abgabe radioaktiver Strahlung.

2.1 Nennen Sie eine Art radioaktiver Teilchenstrahlung.
Welche Teilchen sind Bestandteil der von Ihnen genannten Strahlung? 2

2.2 Nennen Sie eine Nachweismöglichkeit für radioaktive Strahlung. 1

2.3 Bestimmen Sie aus dem Diagramm die Halbwertszeit von Cäsium.
Was bedeutet diese Angabe? 2

N Anzahl der Atomkerne des radioaktiven Stoffes
t Zeit

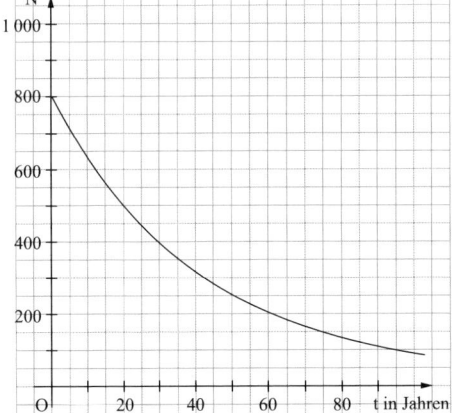

Aufgabe 3: Astronomie

3.1 Bestimmen Sie mithilfe der drehbaren Sternkarte Azimut und Höhe des Sterns Wega (Sternbild Leier) am 20. August um 24:00 Uhr. 2

3.2 Die Abbildung zeigt vereinfacht die Erde auf ihrer Umlaufbahn um die Sonne. An welcher der angegebenen Positionen ist die Geschwindigkeit der Erde am größten? 1
Begründen Sie mithilfe eines physikalischen Gesetzes. 2

3.3 Die Erde legt in einem Jahr etwa 940 Millionen Kilometer zurück. Berechnen Sie die mittlere Geschwindigkeit der Erde in $\frac{km}{h}$. 2

Aufgabe 4: Optik

Eine Kerzenflamme wird mithilfe einer Sammellinse auf einem Schirm abgebildet.
Die Flamme ist 1,7 cm hoch und 5,0 cm von der Linse entfernt.
Die Brennweite der Sammellinse beträgt 3,0 cm.

4.1 Ermitteln Sie durch Zeichnung das Bild der Kerzenflamme. 4

4.2 Geben Sie Bildgröße und Bildweite an. 2

4.3 Nennen Sie eine Anwendung von Sammellinsen. 1

Tipps und Hinweise zu den Pflichtaufgaben

Tipps zu Aufgabe 1

Teilaufgabe 1.3
- Beschriften Sie die Achsen im Diagramm.
- Wie wird eine Periode der Schwingung dargestellt?
- Welche Größe ändert sich, welche Größe bleibt konstant?

Tipps zu Aufgabe 2

Teilaufgabe 2.1
- Welche Arten radioaktiver Strahlung sind Ihnen bekannt?
- Welche davon sind Teilchenstrahlungen?

Teilaufgabe 2.3
- Betrachten Sie die Abnahme der Anzahl der Atomkerne und die zugehörige Zeit.
- Lesen Sie das Maximum der Anzahl der Atomkerne aus dem Schaubild ab.
- Berechnen Sie die Hälfte des Maximums der Atomkerne ($\frac{1}{2} N_{max}$) und lesen Sie ab, bei welcher Zeit $\frac{1}{2} N_{max}$ erreicht ist.

Tipps zu Aufgabe 3

Teilaufgabe 3.1
- Drehen Sie die Scheiben der Sternkarte so lange, bis angegebene Uhrzeit und Datum übereinstimmen.
- Suchen Sie den Stern und das Sternbild mit den angegebenen Koordinaten.

Teilaufgabe 3.2
- Überlegen Sie, warum sich auf der Umlaufbahn die Geschwindigkeit der Erde ändert.

Teilaufgabe 3.3
- Achten Sie auf passende Einheiten.

Tipps zu Aufgabe 4

Teilaufgabe 4.1
- Zeichnen Sie maßstabsgetreu. Die Größen sind so angegeben, dass Sie alles in Originalgröße zeichnen können.
- Zeichnen Sie die optische Achse, die Linse in der Hauptebene, die Brennpunkte und den Gegenstand.
- Welche Strahlen werden zur Bildkonstruktion benötigt?

Teilaufgabe 4.2
- Messen Sie die benötigten Werte in Ihrer Zeichnung.

Lösungen zu den Pflichtaufgaben

Aufgabe 1

1.1 *Beobachtung:*
Die Amplitude des schwingenden Stabes nimmt stark ab.

1.2 Es liegt eine gedämpfte Schwingung vor.

1.3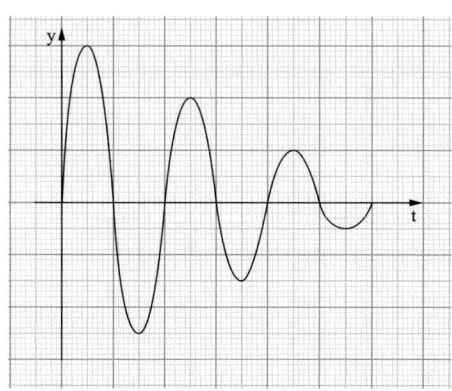

1.4 Mechanische Energie wird in thermische Energie umgewandelt.
Alternativ:
Potenzielle Energie wird in kinetische Energie umgewandelt und umgekehrt.

Aufgabe 2

2.1 Radioaktive Teilchenstrahlung ist z. B. α-Strahlung.
Die α-Strahlung besteht aus Heliumkernen.
Alternativ:
Radioaktive Teilchenstrahlung ist z. B. β-Strahlung.
Die β-Strahlung besteht aus Elektronen.

2.2 Geiger-Müller-Zählrohr
Alternativ:
Dosimeter, Nebelkammer

2.3 Halbwertszeit: 30 Jahre
In dieser Zeit zerfällt die Menge des vorhandenen radioaktiven Stoffs auf die Hälfte.

Aufgabe 3

3.1 Azimut: 90°   Höhe: 55°

3.2 Position A
Nach dem Gravitationsgesetz ziehen sich alle Körper gegenseitig an. Die Gravitationskräfte sind umso größer, je größer die Massen der Körper und je geringer ihr Abstand ist. In Position A ist der Abstand der Erde von der Sonne am geringsten. Folglich ist hier die Geschwindigkeit der Erde am größten.
Alternativ:
Nach dem 3. Kepler'schen Gesetz benötigen die Planeten umso länger für einen Umlauf, je größer die Halbachse ihrer Bahn ist. In Sonnenferne bewegen sie sich also mit geringerer Geschwindigkeit.

3.3 *Berechnung:*
Ges.: v in $\frac{km}{h}$ Geg.: $s = 940 \cdot 10^6$ km
                                    $t = 1$ Jahr $= 8\,760$ h
Lösung:

$$v = \frac{s}{t}$$
$$= \frac{940 \cdot 10^6 \text{ km}}{8\,760 \text{ h}}$$
$$= 107\,306\,\frac{km}{h}$$

Ergebnis:
Die mittlere Geschwindigkeit beträgt ungefähr $107\,000\,\frac{km}{h}$.

Aufgabe 4

4.1

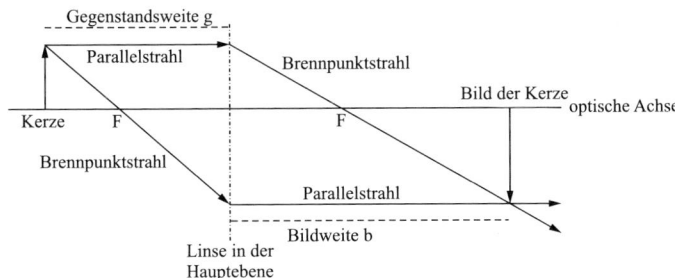

4.2 Bildgröße: 2,3 cm   Bildweite: 7,4 cm
Beide Werte wurden aus der Zeichnung ermittelt.

4.3 Linsenfernrohr
Alternativ:
Lupe

Realschulabschluss 2011 Physik (Sachsen)
Wahlaufgaben

Von den folgenden Aufgaben 5, 6 und 7 haben Sie nur eine zu lösen.

Aufgabe 5: Elektromagnetische Induktion BE

5.1 Schülerexperiment

Aufgabe:
Untersuchen Sie am unbelasteten Transformator die Gültigkeit des Gesetzes
$$\frac{U_1}{U_2} = \frac{N_1}{N_2}.$$

Vorbereitung:
1. Beschreiben Sie den Aufbau und erklären Sie die Wirkungsweise eines Transformators. 5
2. Zeichnen Sie einen entsprechenden Schaltplan. 2
3. Fordern Sie die vom Lehrer bereitgestellten Geräte an.
4. Bereiten Sie eine Messwerttabelle für vier Messungen vor. 1

Durchführung:
1. Bauen Sie die Schaltung nach Ihrem Schaltplan auf.
2. Lassen Sie die Schaltung vom Lehrer überprüfen.
3. Führen Sie die Messungen durch und notieren Sie die Messwerte. Verwenden Sie als maximale Spannung 6 V. 5

Auswertung:
1. Werten Sie die Messreihe entsprechend der Aufgabenstellung aus. 2
2. Geben Sie eine mögliche Fehlerquelle an. 1

5.2 Ein Transformator hat einen Wirkungsgrad von 98 %. Erläutern Sie diese Aussage. 2

5.3 Durch in der Straßendecke verlegte Induktionsschleifen kann der Verkehr überwacht und gesteuert werden. Dazu wird die Veränderung des Magnetfeldes einer stromdurchflossenen Leiterschleife registriert.

5.3.1 Begründen Sie physikalisch die Notwendigkeit des Hinweises an der Ampel. 2

5.3.2 Kann ein Fußgänger die mittels einer Induktionsschleife gesteuerte Ampel beeinflussen? Begründen Sie. 2

5.3.3 Überlegen Sie sich ein einfaches Verfahren zur Geschwindigkeitsmessung mithilfe von Induktionsschleifen und beschreiben Sie es. 3

Aufgabe 6: Wärme und Energie

Ein altes Haus soll saniert werden. Die Energieeinsparverordnung verlangt von allen Bauherren, Wärmedämmung anzubringen und energiesparende Anlagentechnik einzubauen.

6.1 Begründen Sie den Sinn einer solchen Verordnung aus privater und gesamtgesellschaftlicher Sicht. 2

6.2 Erläutern Sie eine Maßnahme zur Wärmedämmung am Haus. 2

6.3 Bei einer Wärmebildaufnahme werden mithilfe infraroten Lichts verschiedene Temperaturen durch unterschiedliche Farben dargestellt.

6.3.1 Was kann mit einer solchen Aufnahme festgestellt werden? 1

6.3.2 Nennen Sie zwei Unterschiede von infrarotem und rotem Licht. 2

6.4 Die alte Heizung wird durch eine Gas-Brennwertheizung ersetzt.

6.4.1 Nennen Sie die auftretende Energieumwandlung in einer Gas-Heizung. 1

6.4.2 Im Prospekt der Brennwertheizung steht die Angabe: „Wirkungsgrad 110 %". Beurteilen Sie diese Angabe. 2

6.5 Die neue Heizung wird durch eine Solaranlage unterstützt. Für den Wärmetransport werden im Heizkreislauf Wasser und in der Solaranlage ein Gemisch aus Wasser und einem Zusatzstoff verwendet. Zur Wärmespeicherung dient ein Pufferspeicher mit 1 000 Liter Wasser, das durch die Solaranlage von 20 °C auf 80 °C erwärmt wird.

6.5.1 Begründen Sie, dass Wasser im Heizkreislauf sehr gut, aber in der Solaranlage nur mit Zusatz als Durchlaufflüssigkeit geeignet ist. 2

6.5.2 Berechnen Sie die dem Wasser zugeführte Wärme. 3
Geben Sie das Ergebnis auch in Kilowattstunden an. 1

6.5.3 Für die Ausdehnung von Flüssigkeiten bei Erwärmung gilt folgende Beziehung:

$\Delta V = \gamma \cdot V_0 \cdot \Delta T$ ΔV Volumenänderung
                       γ Volumenausdehnungskoeffizient
                       V_0 Ausgangsvolumen
                       ΔT Temperaturänderung

Berechnen Sie die Volumenänderung des Wassers ($\gamma = 0{,}0002 \frac{1}{K}$), die durch ein Ausdehnungsgefäß ausgeglichen werden muss. 2

6.6 Auf einer weiteren Dachfläche wird eine Fotovoltaikanlage montiert. Diese besteht aus einer Vielzahl von Solarzellen.

6.6.1 Erläutern Sie einen Nachteil des Einsatzes von Solarzellen zur Energieumwandlung. 2

6.6.2 Solarzellen bestehen aus Halbleitermaterialien. Nennen Sie ein Halbleitermaterial. 1

6.6.3 Geben Sie die in einer Solarzelle auftretende Energieumwandlung an. 1

6.6.4 Im Physikunterricht soll mit einem Experiment die Abhängigkeit des Energieertrages einer Solarzelle von der Beleuchtungsstärke untersucht werden. Beschreiben Sie Aufbau, Durchführung und Ergebnis eines solchen Versuches. 3

Aufgabe 7: Eine Physik-Exkursion in die historische Altstadt von Görlitz

7.1 Auf der Autofahrt nach Görlitz wird in 2 Minuten und 20 Sekunden der 3,3 km lange Tunnel durch die Königshainer Berge mit annähernd konstanter Geschwindigkeit durchfahren. Die zulässige Höchstgeschwindigkeit beträgt $80\,\frac{km}{h}$.

7.1.1 Entscheiden Sie mithilfe einer Berechnung, ob bei der Tunneldurchfahrt die Höchstgeschwindigkeit überschritten wurde. 3

7.1.2 Nach Durchfahrt des Tunnels wird ein Stau sichtbar. Beim plötzlichen Abbremsen des Fahrzeuges werden die Fahrzeuginsassen in ihre Sicherheitsgurte gedrückt. Erklären Sie diesen Vorgang mithilfe eines physikalischen Gesetzes. 2

7.2 Am Rathausturm befindet sich eine Mondphasenuhr. Der große Zeiger gibt am äußeren Ring die Tageszeit und der kleine Zeiger am mittleren Ring die Mondphase an.

7.2.1 Am Tag der Aufnahme war abnehmender Mond. Skizzieren Sie die Stellung von Sonne, Mond und Erde an diesem Tag. 1
In wie vielen Wochen kann die gleiche Mondphase wieder beobachtet werden? 1

7.2.2 Beschreiben Sie die Entstehung einer Mondfinsternis. 2
Gehen Sie dabei auch auf die Mond-phase ein. 1

7.2.3 Zwischen Erde und Mond wirken Kräfte. Nennen Sie zwei Wirkungen dieser Kräfte. 2

7.3 An zahlreichen Gebäuden der Altstadt sind Sonnenuhren zu finden.

7.3.1 Schüler bauen an einem sonnigen Tag eine einfache Sonnenuhr nach. Sie verwenden einen Besenstiel, kleine Steine und eine Uhr.
Beschreiben Sie ein mögliches Vorgehen der Schüler. 2

7.3.2 Nennen Sie einen Nachteil von Sonnenuhren. 1

7.4 Das spätgotische Portal des Hauses Untermarkt 22 erhielt den Namen „Flüsterbogen".

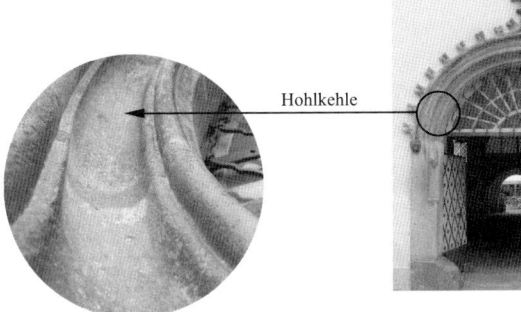

Die auf der einen Seite in die Hohlkehle geflüsterten Worte sind auf der anderen Seite gut zu verstehen.
Erläutern Sie diese Besonderheit mithilfe der entsprechenden Eigenschaft von Schallwellen. 2

7.5 In der Pfarrkirche St. Peter und Paul befindet sich eine Orgel mit über 6 000 Pfeifen. Die längste Orgelpfeife ist 7,82 m lang.

7.5.1 Die Grundfrequenz einer Pfeife ist durch deren Länge gegeben. Vereinfacht gilt:

$$f = \frac{v}{2 \cdot \ell}$$

f Frequenz der erzeugten Schallwelle
v Schallgeschwindigkeit in Luft
ℓ Länge der Pfeife

Berechnen Sie Frequenz und Periodendauer für die längste Pfeife. 4
Wie verändert sich die Frequenz bei einer kürzeren Pfeife? Begründen Sie. 2

7.5.2 In einem y(t)-Diagramm sind zwei Töne A und B veranschaulicht.

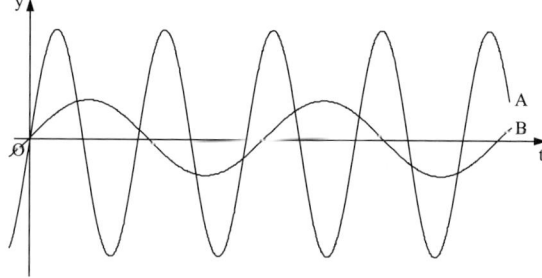

Vergleichen Sie Lautstärke und Tonhöhe der beiden Töne.
Begründen Sie jeweils. 2

Tipps und Hinweise zu den Wahlaufgaben

Tipps zu Aufgabe 5

Teilaufgabe 5.1
- Fertigen Sie eine Skizze an und benennen Sie die Teile des Transformators.
- Was passiert im Transformator nach Anlegen einer Spannung?
- Überlegen Sie dabei mit, welcher Spannungsart ein Transformator betrieben wird?
- Denken Sie im Schaltplan daran, die Messgeräte einzuzeichnen.
- Welche Größen können beim Transformator verändert werden?
- Welches Ergebnis ist jeweils zu erwarten?

Teilaufgabe 5.2
- Überlegen Sie bzw. schauen Sie in der Formelsammlung nach, wie der Wirkungsgrad definiert ist.

Teilaufgabe 5.3
- Denken Sie an die Voraussetzungen für einen Induktionsvorgang.

Tipps zu Aufgabe 6

Teilaufgabe 6.3.1
- Bedenken Sie, dass die Bilder typischerweise im Winter gemacht werden, wenn es außen kalt ist und das Haus geheizt ist.
- Was bedeuten die Temperaturangaben an den verschiedenen Messpunkten des Hauses? Was sagen hohe und niedrige Temperaturen aus?

Teilaufgaben 6.3.2
- Denken Sie an das Lichtspektrum.
- Worin unterscheiden sich unterschiedliche Lichtfarben?

Teilaufgabe 6.4.2
- Was gibt der Wirkungsgrad an? Schlagen Sie die Formel für den Wirkungsgrad nach.

Teilaufgabe 6.5.1
- Bedenken Sie die unterschiedlichen Einsatzbedingungen bzw. -orte für eine Heizung und eine Solaranlage.

Teilaufgabe 6.5.2
- Die Formel zur Berechnung von Wärme finden Sie in der Formelsammlung.
- Achten Sie auf die Einheiten.
- Welche Masse haben 1 000 ℓ Wasser?

Teilaufgabe 6.5.3
- Setzen Sie die Werte in die gegebene Formel ein.
- Kontrollieren Sie die Einheiten.

Teilaufgabe 6.6.1
- Wann können Sie mit der Solaranlage keine Energie umwandeln?

Tipps zu Aufgabe 7

Teilaufgabe 7.1.1
- Die Formel zur Berechnung der Geschwindigkeit finden Sie in der Formelsammlung.
- Beachten Sie, dass Sie nur Größen mit der gleichen Einheit vergleichen können.

Teilaufgabe 7.2.1
- Geben Sie in Ihrer Skizze auch die Bewegungsrichtung des Mondes an.

Teilaufgabe 7.2.2
- Anhand Ihrer Skizze aus Teilaufgaben 7.2.1 können Sie sich überlegen, wie und wann eine Mondfinsternis auftreten kann.
- Welcher Körper kann in welcher Stellung einen Schatten auf den Mond werfen, wenn die Sonne den Mond anstrahlt?

Teilaufgabe 7.5.1
- Setzen Sie die gegebenen Größen in die Formel ein. Den Wert für die Schallgeschwindigkeit können Sie der Formelsammlung entnehmen.
- Überlegen Sie, wie sich in der Formel der Wert für die Frequenz verändert, wenn Sie eine kürzere Länge einsetzen.

Teilaufgabe 7.5.2
- Welche Größen können dem Diagramm entnommen werden.
- Woran erkennt man Lautstärke und Tonhöhe?

Lösungen zu den Wahlaufgaben

Aufgabe 5

5.1 Schülerexperiment

Vorbereitung:

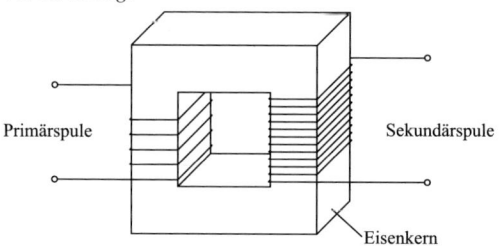

Aufbau und Wirkungsweise des Transformators:
Ein Transformator besteht aus einem Spulenpaar (Primär- und Sekundärspule), das sich auf einem geschlossenen Eisenkern befindet. An die Primärspule wird eine Wechselspannung angelegt. Das entstehende magnetische Wechselfeld durchdringt die Sekundärspule. Dadurch wird in der Sekundärspule eine Wechselspannung induziert.

Schaltplan:

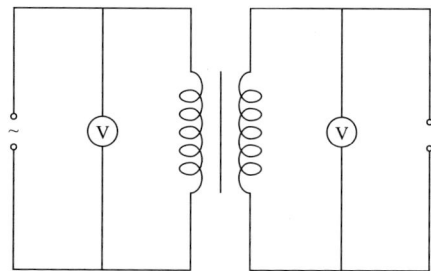

Messwerttabelle:

N_1	N_2	U_1 in V	U_2 in V	$\dfrac{N_1}{N_2}$	$\dfrac{U_1}{U_2}$
250	750	6,1	17,5	0,3	0,35
500	1 000	6,1	12,0	0,5	0,51
750	250	6,2	2,0	3,0	3,1
1 000	500	6,2	2,8	2,0	2,2

Alternativ:
Es kann auch die Spannung verändert werden.

Auswertung:
- Beim Vergleich der Verhältnisse der Windungszahlen und der Verhältnisse der entsprechenden Spannungen wird festgestellt, dass sie annähernd gleich sind, d. h. das Gesetz konnte experimentell bestätigt werden.
- Eine Fehlerquelle kann ein nicht exakt geschlossener Eisenkern sein.

5.2 Der Wirkungsgrad gibt an, welcher Teil der aufgewandten Energie in nutzbare Energie umgewandelt wird. Der Wirkungsgrad ist mit 98 % sehr hoch, denn nur 2 % der Energie gehen verloren.

5.3.1 Die Ampel kann erst umschalten, wenn eine Induktionsspannung in der Leiterschleife erzeugt wird. Fährt ein Fahrzeug über die Schleife, dann ist die Voraussetzung für eine Induktionsspannung erfüllt – die Änderung des Magnetfeldes der Induktionsschleife.

5.3.2 Ein Fußgänger kann in der Regel die notwendige Änderung des Magnetfeldes nicht herbeiführen, da er nicht aus Eisen besteht.

5.3.3 Für eine Geschwindigkeitsmessung sind ein festgelegter Weg und eine entsprechende Zeitmessung erforderlich. Eine Induktionsschleife müsste am Beginn und am Ende der Messstrecke in die Fahrbahn eingelassen werden. Aus Weg und benötigter Zeit kann die Geschwindigkeit ermittelt werden.

Aufgabe 6

6.1 Aus privater Sicht können langfristig Energiekosten eingespart werden. Aus gesamtgesellschaftlicher Sicht müssen die vorhandenen Ressourcen zur Energiegewinnung sparsam und effizient genutzt werden.

6.2 Die Fassaden (Hauswände) können beispielsweise mit Dämmmaterial versehen werden. Damit verringert sich die Wärmeabgabe nach außen. Das Energiespeichervermögen des Hauses wird erhöht.

6.3.1 Die Aufnahme macht die Stellen am Haus sichtbar, die eine hohe Wärmeabgabe nach außen haben. Diese Stellen sind nicht ausreichend bzw. fehlerhaft wärmegedämmt.

6.3.2 Infrarotes Licht gehört nicht zum sichtbaren Bereich des Spektrums. Beide Lichtarten unterscheiden sich hinsichtlich Wellenlänge und Frequenz.

6.4.1 Die chemische Energie des Gases wird in thermische Energie des Wassers umgewandelt.

6.4.2 Der Wirkungsgrad kann theoretisch 100 % sein. Bei technischen Anlagen gibt es aber immer Energieverluste, so dass der Wirkungsgrad nur kleiner als 100 % sein kann. Die Angabe ist also irreführend. Die „110 % Wirkungsgrad" sind sicher auf herkömmliche Heizungen bezogen und sollen mehr Heizleistung bei gleicher Brennstoffmenge ausdrücken.

6.5.1 Die Solaranlage befindet sich im Freien, d. h. die Durchlaufflüssigkeit darf nicht gefrieren. Deshalb ist reines Wasser ungeeignet.

6.5.2 *Berechnung:*
Ges.: Q_{zugef} in kJ
Geg.: $c = 4{,}19 \text{ kJ} \cdot \text{kg}^{-1} \cdot \text{K}^{-1}$
$m = 1\,000 \text{ kg}$
$\Delta T = (80 - 20) \text{ K} = 60 \text{ K}$

Lösung:
$Q_{zugef} = c \cdot m \cdot \Delta T$
$= 4{,}19 \text{ kJ} \cdot \text{kg}^{-1} \cdot \text{K}^{-1} \cdot 1\,000 \text{ kg} \cdot 60 \text{ K}$
$= 251\,400 \text{ kJ}$
$= 251\,400 \text{ kWs} = 69{,}3 \text{ kWh}$ (1 J = 1 Ws; 1 h = 3 600 s)

Ergebnis: Dem Wasser wird eine Wärme von rund 70 kWh zugeführt.

6.5.3 *Berechnung:*
Ges.: ΔV in ℓ
Geg.: $\gamma = 0{,}0002 \, \dfrac{1}{K}$
$V_0 = 1\,000 \, \ell$
$\Delta T = (80 - 20) \text{ K} = 60 \text{ K}$

Lösung:
$\Delta V = \gamma \cdot V_0 \cdot \Delta T$
$= 0{,}0002 \, \dfrac{1}{K} \cdot 1\,000 \, \ell \cdot 60 \text{ K}$
$= 12 \, \ell$

Ergebnis: Die Volumenänderung beträgt 12 ℓ.

6.6.1 Die Nutzung von Solarzellen ist witterungsabhängig. Sind die Zellen im Winter mit Schnee bedeckt, kann keine Energie geliefert werden.

6.6.2 Silizium

6.6.3 Sonnenenergie wird in elektrische Energie umgewandelt.

6.6.4 *Aufbau:* Ein Solarmodul wird mit einem Verbraucher gekoppelt, z. B. einem Gleichstrommotor.
Durchführung: Das Solarmodul wird mit Lampen unterschiedlicher Leistung im jeweils gleichen Abstand beleuchtet.
Ergebnis: Die Drehzahl des Motors nimmt mit der Leistung der Lichtquelle zu, d. h. der Energieertrag wird größer.

Aufgabe 7

7.1.1 *Berechnung:*

Ges.: v in $\frac{km}{h}$ Geg.: s = 3,3 km = 3 300 m
                                t = 2 min 20 s = 140 s

Lösung:

$v = \frac{s}{t}$

$= \frac{3\,300\text{ m}}{140\text{ s}}$

$= 23,6\,\frac{m}{s}$

$= 23,6 \cdot 3,6\,\frac{km}{h} = 85\,\frac{km}{h}$

Ergebnis: Die zulässige Höchstgeschwindigkeit wurde überschritten.

7.1.2 *Erklärung mithilfe des Trägheitsgesetzes:*
Ein Körper behält seinen Zustand der Ruhe oder der geradlinigen gleichförmigen Bewegung bei, solange keine Kraft auf ihn einwirkt. Die Fahrzeuginsassen bewegen sich mit dem Fahrzeug. Beim starken Bremsen wirkt auf das Fahrzeug und die Insassen eine Kraft entgegen der Bewegungsrichtung. Aufgrund der Trägheit behalten die Insassen ihren bisherigen Bewegungszustand bei und rutschen in Bewegungsrichtung, d. h. sie werden in die Gurte gedrückt.

7.2.1 *Skizze:*

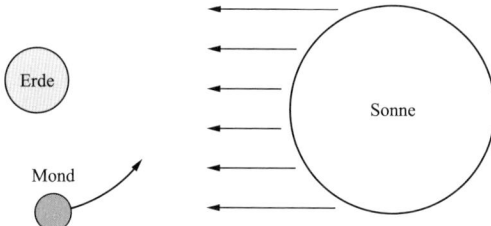

Die Mondphase wiederholt sich nach ca. 4 Wochen.

7.2.2 Tritt der Mond in den Schatten der Erde, so entsteht eine Mondfinsternis. Die Erde befindet sich genau zwischen Sonne und Mond. Eine Mondfinsternis kann deshalb nur bei Vollmond stattfinden.

7.2.3 Wirkungen der Gravitationskräfte:
– Gezeiten (Ebbe und Flut)
– Der Mond wird auf seiner Umlaufbahn gehalten.

7.3.1 Bei einer Sonnenuhr wird die Uhrzeit durch einen Schattenwurf angezeigt. Der Besenstiel wird so angeordnet, dass er immer von der Sonne beschienen werden kann. Die Steine werden so platziert, dass der Schatten volle und halbe Stunden anzeigt. Die richtige Lage der Steine wird mithilfe einer Uhr bestimmt.

7.3.2 Ohne Sonnenschein kann die Uhrzeit nicht abgelesen werden.

7.4 In der Hohlkehle des Flüsterbogens werden die Schallwellen von einer Seite auf die andere reflektiert, d. h. der Innenseite des Bogens zur Außenseite und wieder zur Innenseite. So gelangen die Schallwellen an das andere Ende des Bogens.

7.5.1 *Berechnung.*
Ges.: f in Hz und T in s   Geg.: $\ell = 7{,}82$ m
$$v = 343 \, \frac{m}{s}$$

Lösung:
Berechnung der Frequenz
$$f = \frac{v}{2 \cdot \ell}$$
$$= \frac{343 \, \frac{m}{s}}{2 \cdot 7{,}82 \, m}$$
$$= 21{,}9 \, s^{-1}$$

Die Frequenz beträgt 22 Hz.
Berechnung der Periodendauer
$$T = \frac{1}{f}$$
$$= \frac{1}{22 \, s^{-1}}$$
$$= 0{,}05 \, s$$

Die Periodendauer beträgt 0,05 s.
Bei einer kürzeren Pfeife vergrößert sich die Frequenz, denn setzt man in die Formel im Nenner einen kleineren Wert für die Länge ein, so wird der Wert des Bruches größer. Länge und Frequenz sind umgekehrt proportional zueinander.

7.5.2 Die Amplitude ist ein Maß für die Lautstärke und die Zeit bzw. die Frequenz ein Maß für die Tonhöhe.
Ton A ist deshalb ein höherer und lauterer Ton.

Realschulabschluss 2012 Physik (Sachsen)
Pflichtaufgaben

Aufgabe 1: Mechanik BE

Vom Lehrer wird Ihnen ein Experiment vorgeführt.
Ein Wagen fährt mit einem auf ihm liegenden Körper auf ein Hindernis auf.

1.1 Beobachten Sie die Bewegungen des Wagens und des Körpers.
Notieren Sie Ihre Beobachtungen. 2

1.2 Erklären Sie das Verhalten des Körpers mithilfe eines physikalischen Gesetzes. 2

1.3 Die Insassen eines Pkws sind bei Auffahrunfällen erheblichen Gefahren ausgesetzt. Erläutern Sie eine Sicherheitseinrichtung im Auto, um dem entgegenzuwirken. 2

Aufgabe 2: Wärme und Energie

In einem Schülerexperiment wird der Temperaturverlauf von Wasser untersucht. Einem Becherglas mit 150 g Wasser wurde durch eine Heizplatte gleichmäßig Wärme zugeführt. Dabei ergab sich folgende Messwerttabelle.

Zeit t in Minuten	0	1	2	3	4	5	6
Temperatur in ϑ in °C	22	34	45	57	69	80	92

2.1 Zeichnen Sie ein zugehöriges $\vartheta(t)$-Diagramm. 3

2.2 Berechnen Sie die vom Wasser aufgenommene Wärmemenge. 3

2.3 Der Wirkungsgrad der Experimentieranordnung beträgt 50 %.
Geben Sie die von der Heizplatte abgegebene Wärmemenge an. 1

Aufgabe 3: Elektrizitätslehre

Transformatoren werden zur Energieübertragung verwendet.

3.1 Beschreiben Sie den Aufbau eines Transformators. 2

3.2 Erläutern Sie die Wirkungsweise eines Transformators. 3

3.3 Nennen Sie ein Beispiel für die Anwendung von Transformatoren. 1

Aufgabe 4: Schwingungen und Wellen

Das Geläut der Michaeliskirche in Bautzen besteht aus drei Glocken. Mit der kleinen Glocke, Masse 563 kg, wird ein Ton der Frequenz 440 Hz erzeugt. Das y(t)-Diagramm zeigt die grafische Darstellung des Tones mit einem Oszilloskop.

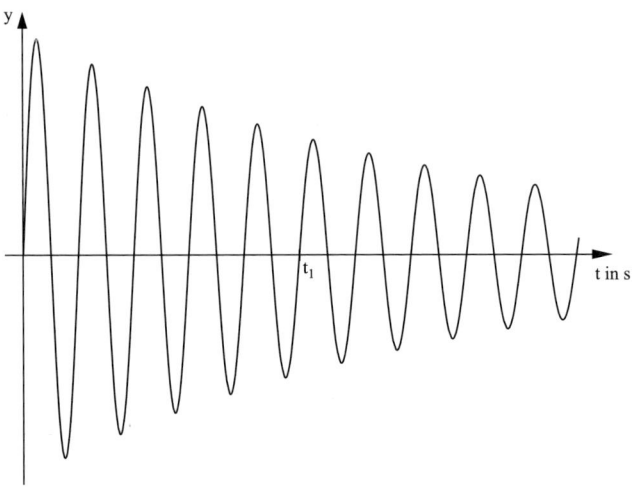

4.1 Berechnen Sie die Periodendauer der erzeugten Schwingung. 2

4.2 Geben Sie die Zeit t_1 an. 1

4.3 Welche Schwingungsart ist dargestellt? 1

4.4 Beschreiben Sie die Veränderungen von Lautstärke und Tonhöhe bis zum Zeitpunkt t_1. 2

Tipps und Hinweise zu den Pflichtaufgaben

Tipps zu Aufgabe 1

Teilaufgabe 1.2
- Formulieren Sie zunächst das Gesetz und wenden dann das Gesetz auf den Sachverhalt an.

Teilaufgabe 1.3
- Vergleichen Sie das Experiment mit der Situation „Auffahrunfall Pkw".

Tipps zu Aufgabe 2

Teilaufgabe 2.1
- Tragen Sie auf der waagerechten Achse die Zeit ab.
- Überlegen Sie, wie lang die Achsen sein müssen, um alle Werte eintragen zu können.
- Teilen Sie die Achsen ein und vergessen Sie nicht die Beschriftung.

Teilaufgabe 2.2
- Die Formel zur Berechnung der Wärme finden Sie in der Formelsammlung.
- Achten Sie darauf, dass alle Einheiten zueinander passen, und wandeln Sie gegebenenfalls die Größenangaben entsprechend um.

Teilaufgabe 2.3
- Was bedeutet „Wirkungsgrad"?
- Die Lösung ist so einfach, dass Sie die Aufgabe ausgehend von Teilaufgabe 2.2 im Kopf berechnen können.

Tipps zu Aufgabe 3

Teilaufgabe 3.1
- Geben Sie die wesentlichen Bauteile an.
- Wie sind sie angeordnet?

Teilaufgabe 3.2
- Beschreiben Sie Schritt für Schritt, welche Vorgänge ablaufen, wenn an der Primärspule eine Wechselspannung angelegt wird.

Tipps zu Aufgabe 4

Teilaufgabe 4.1
- Was versteht man unter „Periode" einer Schwingung?
- Die Formel zur Berechnung finden Sie in der Formelsammlung.

Teilaufgabe 4.2
- Zählen Sie die Perioden bis zur Zeit t_1 im Diagramm.

Teilaufgabe 4.4
- Welche Größe ist ein Maß für die Lautstärke des Tones?
- Welche Größe ist ein Maß für die Tonhöhe?

Lösungen zu den Pflichtaufgaben

Aufgabe 1

1.1 *Beobachtung:*
Beim Auftreffen des Wagens auf das Hindernis rutscht der Körper in Bewegungsrichtung nach vorn.

1.2 *Erklärung mithilfe des Trägheitsgesetzes*
Ein Körper behält seinen Zustand der Ruhe oder der geradlinig gleichförmigen Bewegung bei, solange keine Kraft auf ihn einwirkt. Der Körper auf dem Wagen behält die ursprüngliche Bewegung bei und rutscht deshalb nach vorn.

1.3 Sicherheitseinrichtung: Kopfstützen
Fährt auf ein Fahrzeug ein anderes Fahrzeug auf, so versuchen die Insassen der Bewegungsänderung von hinten entgegenzuwirken und bewegen sich deshalb in die Gegenrichtung. Die Kopfstützen verhindern ein Abknicken der Wirbelsäule.
Alternativ:
Sicherheitsgurt (siehe Jahrgang 2008)

Aufgabe 2

2.1 $\vartheta(t)$-Diagramm:

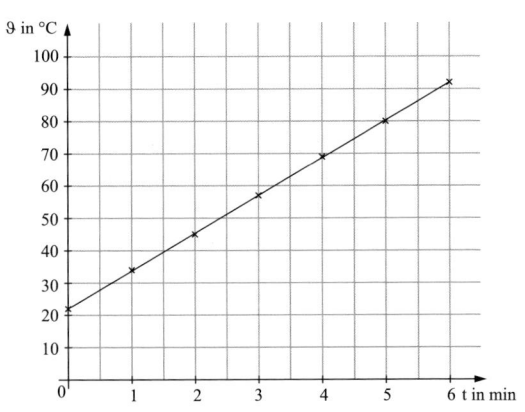

2.2 *Berechnung:*
Ges.: Q_{auf} in kJ   Geg.: $c = 4{,}19 \text{ kJ} \cdot \text{kg}^{-1} \cdot \text{K}^{-1}$
$m = 150 \text{ g} = 0{,}15 \text{ kg}$
$\Delta T = (92\text{-}22) \text{ K} = 70 \text{ K}$
Lösung:
$Q_{auf} = c \cdot m \cdot \Delta T$
$= 4{,}19 \text{ kJ} \cdot \text{kg}^{-1} \cdot \text{K}^{-1} \cdot 0{,}15 \text{ kg} \cdot 70 \text{ K}$
$= 43{,}995 \text{ kJ}$
Ergebnis: Vom Wasser wird eine Wärme von rund 44 kJ aufgenommen.

2.3 Bei einem Wirkungsgrad von 50 % muss die Heizplatte die doppelte Wärmemenge abgeben, also rund 88 kJ.

Aufgabe 3

3.1 Skizze eines Transformators:

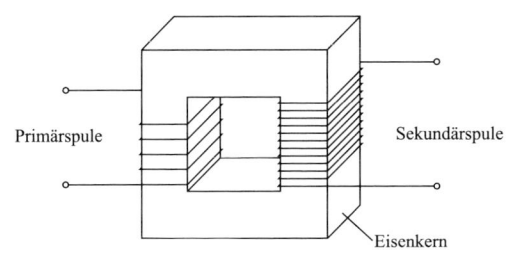

Aufbau eines Transformators:
Ein Transformator besteht aus einem Spulenpaar (Primär- und Sekundärspule), das sich auf einem geschlossenen, geblätterten Eisenkern befindet.

3.2 *Wirkungsweise eines Transformators:*
An die Primärspule wird eine Wechselspannung angelegt. Das entstehende magnetische Wechselfeld durchdringt die Sekundärspule. Dadurch wird in der Sekundärspule eine Wechselspannung induziert.

3.3 *Beispiel:*
Umspannstation (Transformatoren sorgen für die jeweils benötigte Spannung.)

Aufgabe 4

4.1 *Berechnung:*
Ges.: T in s   Geg.: $f = 440$ Hz; 1 Hz $= 1$ s^{-1}
Lösung:

$$T = \frac{1}{f}$$

$$= \frac{1}{440 \text{ s}^{-1}}$$

$$= 0{,}002 \text{ s}$$

Ergebnis: Die Periodendauer der Schwingung beträgt 0,002 s

4.2 Im Diagramm sind bis zum Zeitpunkt t_1 5 Perioden dargestellt. Also beträgt die Zeit $t_1 = 0{,}01$ s.

4.3 Schwingungsart: gedämpfte Schwingung

4.4 Die Lautstärke nimmt ab (Amplitude wird geringer). Die Frequenz ändert sich nicht, deshalb ändert sich die Tonhöhe nicht.

Realschulabschluss 2012 Physik (Sachsen)
Wahlaufgaben

Von den folgenden Aufgaben 5, 6 und 7 haben Sie nur eine zu lösen.

Aufgabe 5: Mechanik BE

5.1 Schülerexperiment

Aufgabe:
Bestimmen Sie jeweils die Dichte eines regelmäßigen und eines unregelmäßigen Körpers. Finden Sie heraus, aus welchem Stoff der regelmäßige Körper bestehen könnte.

Bearbeiten Sie diese Aufgabe entsprechend der Arbeitsschritte beim Experimentieren:

Vorbereitung:
Zu bestimmende physikalische Größen; notwendige Arbeitsmittel 2

Durchführung:
Messwerte; Berechnungen 6

Auswertung:
Ergebnisse; Fehlerbetrachtung 2

5.2 In der Abbildung sind zwei Flüssigkeiten in einem Gefäß dargestellt.
Vergleichen Sie die Höhen der Flüssigkeiten im Gefäß und erklären Sie. 3

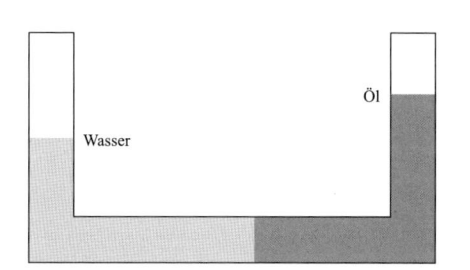

5.3 Drei Körper A, B und C mit gleicher Masse werden unter Wasser losgelassen. Körper A schwebt.

Körper	A	B	C
Volumen des Körpers	2 000 cm³	5 000 cm³	1 000 cm³

5.3.1 Beschreiben und begründen Sie das Verhalten der beiden anderen Körper. 4

5.3.2 Erläutern Sie das Verhalten von Körper A, wenn dieser in eine Flüssigkeit mit größerer Dichte getaucht und losgelassen wird. 2

5.4 In einem Online-Lexikon ist folgender Text zu finden:

Der Heißluftballon ist ein Luftfahrzeug nach dem Prinzip „leichter als Luft". Im Gegensatz zum Gasballon wird die Verringerung des Gewichts dadurch erreicht, dass ein großes Luftvolumen erwärmt wird. Dadurch reduziert sich dessen spezifisches Gewicht, d. h. die Summe der Gewichtskräfte von Hülle, Korb und Nutzlast wird geringer. Durch den Dichteunterschied der kälteren äußeren Luft und der wärmeren Luft im Ballon entsteht so eine Auftriebskraft. Diese wirkt dem Gewicht des Heißluftballons entgegen. Da der Auftrieb mit zunehmendem Dichteunterschied der inneren Luft zur Umgebungsluft wächst, hat ein Heißluftballon bei kaltem Wetter eine größere Tragkraft. Deshalb finden Ballonfahrten in der Regel bei wolkenlosem Himmel in den Morgen- oder Abendstunden statt.

Gasballone dagegen können unabhängig von der Umgebungstemperatur den ganzen Tag fahren. Sie sind mit einem Traggas, meist Helium, gefüllt und haben keinen Brenner. Um aufzusteigen, muss Ballast abgeworfen werden.

5.4.1 Warum finden Fahrten mit Heißluftballons in der Regel in den Morgen- bzw. Abendstunden statt?   1

5.4.2 Skizzieren Sie einen Ballon. Zeichnen Sie die beim Aufsteigen des Ballons wirkenden Kräfte ein und beschriften Sie diese.   2

5.4.3 Nennen Sie eine für das Aufsteigen eines Gasballons notwendige Eigenschaft des Traggases.   1

5.4.4 Geben Sie jeweils eine Möglichkeit an, wie das Sinken eines Heißluftballons und eines Gasballons erreicht werden kann.   2

Aufgabe 6: Zu Besuch in einer Sternwarte

Im Kurort Jonsdorf im Zittauer Gebirge befindet sich eine Sternwarte. Für die nächtliche Himmelsbeobachtung werden zwei Newton-Teleskope verwendet. Zur Beobachtung der Sonne wird ein Refraktor genutzt.

6.1 Die Abbildung stellt vereinfacht den Strahlengang des Lichtes in einem Newton-Teleskop dar.

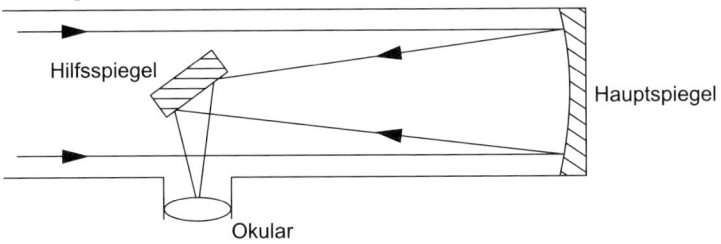

6.1.1 Ordnen Sie dem Haupt- und dem Hilfsspiegel jeweils die entsprechende Spiegelform zu.   2

6.1.2 Geben Sie zwei Aufgaben des Hauptspiegels an.   2

6.2 Ein Refraktor bildet die Sonne mithilfe von Linsen auf einen Bildschirm ab.

6.2.1 An Linsen wird das Licht gebrochen. Erläutern Sie diese Aussage. 2

6.2.2 Geben Sie eine beobachtbare Sonnenaktivität an. 1

6.3 Prismen aus Glas sind weitere Bestandteile optischer Beobachtungsgeräte.

6.3.1 Ein einfarbiges Lichtbündel trifft mit dem Einfallswinkel 45° auf ein gleichseitiges Prisma (siehe Skizze) aus Kronglas. Nach zweimaliger Brechung tritt es aus dem Prisma wieder aus.
Berechnen Sie den Brechungswinkel beim Übergang des Lichtes von Luft in Kronglas. 3
Übernehmen Sie die Abbildung.
Zeichnen Sie den Strahlenverlauf bis das Licht die nächste Grenzfläche erreicht. 2
Skizzieren Sie den austretenden Lichtstrahl. 1

6.3.2 Erläutern Sie die Entstehung eines Spektrums an einem Prisma. 2

6.3.3 Zum Spektrum des Sonnenlichtes gehören das infrarote und das ultraviolette Licht. Geben Sie je eine Wirkung dieser Strahlungen an. 2

6.4 Um zielgerichtet Sterne am Nachthimmel beobachten zu können, kann die Position eines Sternes mithilfe des Horizontsystems angegeben werden.

6.4.1 Benennen Sie die Koordinaten des Horizontsystems. 2

6.4.2 Ermitteln Sie mithilfe der drehbaren Sternkarte die Aufgangs- und Kulminationszeit für den Stern Atair im Sternbild Adler für den 06. 06. 2012. 2

6.4.3 Zirkumpolarsterne sind Sterne, die von unserem Beobachtungsstandort aus gesehen niemals untergehen.
Geben Sie ein Beispiel an. 1

6.5 Mit Teleskopen wird auch der Mond beobachtet.

6.5.1 Vor zwei Tagen war Vollmond. Geben Sie die Mondphase an, in der sich der Mond heute befindet. 1

6.5.2 Nennen Sie eine Oberflächenform des Mondes und begründen Sie, warum diese für sehr lange Zeit unverändert bleibt. 2

Aufgabe 7: Mobilität im Wandel der Zeiten

Die Möglichkeiten der Fortbewegung des Menschen haben sich im Laufe der Zeit geändert.

7.1 Bis zum Ende des 19. Jahrhunderts waren Pferdekutschen ein wichtiges Verkehrs- und Transportmittel. Ein Pferd zieht eine Kutsche in 50 Minuten annähernd gleichförmig einen 3,0 km langen Anstieg hoch, überwindet 200 m Höhenunterschied und verrichtet dabei die mechanische Arbeit 2,4 MJ.

7.1.1 Nennen Sie zwei Arten der hier verrichteten mechanischen Arbeit. 2

7.1.2 Geben Sie die verrichtete mechanische Arbeit in Nm an. 1

7.1.3 Berechnen Sie die durchschnittliche mechanische Leistung des Pferdes. 2

7.1.4 Geben Sie an, in welcher Zeit die gleiche mechanische Arbeit bei doppelter Leistung verrichtet werden könnte. 1

7.2 Die Erfindung von Otto- und Dieselmotor war ein Meilenstein in der Geschichte. In modernen Motoren stehen von 40 MJ zugeführter Energie 16 MJ nutzbare Energie für den Antrieb zur Verfügung.

7.2.1 Nennen Sie die dabei auftretenden wesentlichen Energieumwandlungen. 2

7.2.2 Berechnen Sie den Wirkungsgrad. 2

7.2.3 Vergleichen Sie die Zündvorgänge im Ottomotor und im Dieselmotor. 2

7.2.4 Erläutern Sie eine Möglichkeit zur Verringerung des Kraftstoffverbrauchs bei Kraftfahrzeugen. 2

7.3 Der Akkumulator eines modernen Elektroautos kann an einer normalen Haushaltsteckdose aufgeladen werden. Während der Fahrt fließt bei der Spannung 400 V ein maximaler Strom von 450 A.

7.3.1 Beurteilen Sie die Aussage: „Elektroautos sind umweltfreundlich, da sie keine Schadstoffe ausstoßen." 2

7.3.2 Begründen Sie die Notwendigkeit des Einsatzes von Halbleiterdioden im Lademodul des Elektroautos. 2

7.3.3 Berechnen Sie die maximale Leistung des Elektromotors. 2

7.4 Kernenergieantriebe werden zurzeit nur in Schiffen und U-Booten verwendet, wobei wie im Kernkraftwerk Dampfturbinen angetrieben werden.

7.4.1 Beschreiben Sie die grundlegenden Vorgänge im Kernreaktor. 3

7.4.2 Nennen Sie zwei Gründe dafür, dass der Einsatz von Kernenergieantrieben in Pkws bisher nicht realisiert wurde. 2

Tipps und Hinweise zu den Wahlaufgaben

Tipps zu Aufgabe 5

Teilaufgabe 5.1
- Welche Größen müssen bestimmt werden?
- Welche Geräte sind dazu erforderlich?
- Nutzen Sie die Formelsammlung für die Berechnung der Dichte und das Ermitteln des Stoffes.

Teilaufgabe 5.2
- Wodurch unterscheiden sich Wasser und Öl?

Teilaufgabe 5.3
- Wie lautet das archimedische Gesetz?

Teilaufgabe 5.4
- Lesen Sie den Text gründlich durch. Suchen Sie die für die Beantwortung der Fragen wichtigen Informationen heraus.

Teilaufgabe 5.4.2
- Welche Kräfte wirken nach oben, welche nach unten?
- Beachten Sie beim Zeichnen, dass der Ballon aufsteigen soll.

Tipps zu Aufgabe 6

Teilaufgabe 6.1.1
- Betrachten Sie die Wölbung der Spiegeloberflächen.

Teilaufgabe 6.2.1
- Denken Sie an das Brechungsgesetz.

Teilaufgabe 6.3.1
- Das Brechungsgesetz können Sie der Formelsammlung entnehmen, ebenso die Werte für die Lichtgeschwindigkeiten in Luft und Kronglas.
- Zeichnen Sie zunächst das Einfallslot.
- Die Winkel werden vom Lot aus gemessen.

Teilaufgabe 6.4.2
- Drehen Sie die Sternkarte so, dass im Osten gerade Atair sichtbar wird. Lesen Sie die zugehörige Zeit für den 06.06.2012 ab. Drehen Sie die Sternkarte weiter, bis die größte Höhe erreicht ist, und lesen Sie wiederum die zugehörige Zeit ab.

Teilaufgabe 6.5.2
- Überlegen Sie, durch welche geologischen Aktivitäten die Mondoberfläche beeinflusst werden könnte bzw. geprägt wurde.

Tipps zu Aufgabe 7

Teilaufgabe 7.1.2
- Den Zusammenhang zwischen den Einheiten J und Nm finden Sie in der Formelsammlung.

Teilaufgabe 7.1.3
- Die Formel zur Berechnung der mechanischen Leistung finden Sie in der Formelsammlung.

Teilaufgabe 7.2.2
- Die Formel zur Berechnung des Wirkungsgrades finden Sie in der Formelsammlung.

Teilaufgabe 7.3.2
- Überlegen Sie, welche Eigenschaft eine Halbleiterdiode hat.

Teilaufgabe 7.3.3
- Die Formel zur Berechnung der elektrischen Leistung finden Sie in der Formelsammlung.

Teilaufgabe 7.4.1
- Welcher Prozess läuft im Kernreaktor ab?
- Welche Voraussetzungen müssen für diesen Prozess erfüllt sein?

Lösungen zu den Wahlaufgaben

Aufgabe 5

5.1 Schülerexperiment

Vorbereitung:
Für beide Körper müssen Volumen und Masse bestimmt werden. Aus Volumen und Masse kann die Dichte berechnet werden. Mithilfe der Formelsammlung kann der Stoff bestimmt werden, aus dem der regelmäßige Körper besteht.

Durchführung: Regelmäßiger Körper – Würfel mit der Kantenlänge 1 cm
Volumen: $V = 1\ cm^3$
Masse: $m = 8$ g (Bestimmt mit einer Briefwaage)

Auswertung:
Dichte: $\rho = \dfrac{m}{V}$

$= \dfrac{8\ g}{1\ cm^3}$

$\rho = 8\ \dfrac{g}{cm^3}$

Es könnte sich bei dem Stoff um Eisen oder Stahl handeln.
Die Masse konnte nur auf Gramm genau gemessen werden. Deshalb konnte die Dichte nicht genauer bestimmt werden.

Durchführung: Unregelmäßiger Körper – Stein
Volumen: Das Volumen wurde durch Eintauchen des Körpers in einen mit Wasser gefüllten Messzylinder bestimmt:
$V = 10\ cm^3$
$m = 34$ g (Bestimmt mit einer Briefwaage)

Auswertung:
Dichte: $\rho = \dfrac{m}{V}$

$= \dfrac{34\ g}{10\ cm^3}$

$\rho = 3,4\ \dfrac{g}{cm^3}$

Fehler können sich durch ungenaues Ablesen bei der Masse- und Volumenbestimmung ergeben haben.

5.2 *Vergleich:* Die Flüssigkeitssäule mit Öl ist höher.

Erklärung: Das Öl im rechten Teil des Gefäßes hat eine geringere Dichte als Wasser. Damit sich ein Gleichgewicht im Gefäß einstellt, muss das Öl höher stehen.

5.3.1 Körper B hat ein größeres Volumen als Körper A, daher steigt Körper B: Er erfährt bei gleicher Masse eine größere Auftriebskraft.
Körper C hat ein kleineres Volumen als Körper A, daher sinkt Körper C: Er erfährt bei gleicher Masse eine geringere Auftriebskraft.
Die Auftriebskraft hängt vom Volumen der verdrängten Flüssigkeit ab.

5.3.2 Die Auftriebskraft in der ersten Flüssigkeit hat den gleichen Betrag wie die Gewichtskraft der vom Körper verdrängten Flüssigkeit. Also ist die Auftriebskraft größer, wenn die zweite Flüssigkeit eine höhere Dichte hat. Körper A würde in der zweiten Flüssigkeit steigen.

5.4.1 Der für den Auftrieb wichtige Dichteunterschied zwischen innerer Luft und Umgebungsluft ist in den Morgen- und Abendstunden durch niedrigere Temperatur der Außenluft größer.

5.4.2

F_A – Auftriebskraft
$F_A > F_G$
F_G – Gewichtskraft

5.4.3 Die Dichte muss geringer sein als die Luftdichte.

5.4.4 Sinken eines Heißluftballons: Verringerung des Dichteunterschieds durch Abkühlung der heißen Luft im Innern des Ballons.
Sinken eines Gasballons: Verringerung des Gasvolumens durch Ablassen des Gases.

Aufgabe 6

6.1.1 Hauptspiegel – Hohlspiegel
Hilfsspiegel – ebener Spiegel

6.1.2 Aufgaben: Bündelung und Reflexion des einfallenden Lichts

6.2.1 Trifft Licht auf die Grenzfläche zwischen Luft und Linse, so ändert sich die Ausbreitungsrichtung des Lichts. Bei diesem Übergang ist der Brechungswinkel kleiner als der Einfallswinkel.

6.2.2 *Zum Beispiel:* Sonnenflecken

6.3.1 *Berechnung:*
Ges.: β Geg.: $\alpha = 45°$

$$c_{Luft} = 299\,711\,\frac{km}{s}$$

$$c_{Glas} = 197\,000\,\frac{km}{s}$$

Lösung:

$$\frac{\sin\alpha}{\sin\beta} = \frac{c_{Luft}}{c_{Glas}}$$

$$\sin\beta = \frac{\sin\alpha \cdot c_{Glas}}{c_{Luft}}$$

$$= \frac{\sin 45° \cdot 197\,000\,\frac{km}{s}}{299\,711\,\frac{km}{s}}$$

$$= 0{,}4648$$

$$\beta = 27{,}7°$$

Ergebnis: Der Brechungswinkel beträgt rund 28°.
Strahlenverlauf:

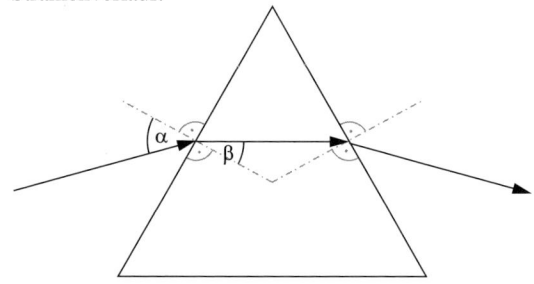

6.3.2 Trifft Sonnenlicht auf das Prisma, so entsteht auf dem Bildschirm dahinter ein Spektrum. Beim Übergang des Lichtes von Luft in Glas und von Glas in Luft wird es jeweils gebrochen. Weißes Licht besteht aus verschiedenen Lichtarten. Diese werden unterschiedlich stark gebrochen. Deshalb wird das Sonnenlicht in die Spektralfarben zerlegt.

6.3.3 infrarotes Licht – Wärmewirkung
ultraviolettes Licht – ionisierende Wirkung

6.4.1 a – Azimut; h – Höhe;

6.4.2 Aufgangszeit: ca. 20:00 Uhr
Kulminationszeit: ca. 2:45 Uhr

6.4.3 *Zum Beispiel:* Sterne, die zum Sternbild „Großer Bär" gehören

6.5.1 abnehmender Mond

6.5.2 Auf der Mondoberfläche sind Krater zu sehen. Da es seit Milliarden von Jahren keine geologischen Aktivitäten mehr gegeben hat, bleibt die Oberfläche nahezu unverändert.

Aufgabe 7

7.1.1 Beschleunigungsarbeit, Hubarbeit

7.1.2 2,4 MJ = 2 400 000 Nm (1 J = 1 Nm)

7.1.3 *Berechnung:*
Ges.: P in W   Geg.: $W = 2\,400\,000\,J$
                            $t = 50\,min = 3\,000\,s$

Lösung:
$$P = \frac{W}{t}$$
$$= \frac{2\,400\,000\,J}{3\,000\,s} \qquad 1\,W = \frac{1\,J}{1\,s}$$
$$= 800\,W$$
Ergebnis: Die durchschnittliche Leistung des Pferdes beträgt 800 W.

7.1.4 Bei doppelter Leistung wird die gleiche Arbeit in 25 Minuten erbracht.
Alternativ kann man auch rechnen:
$$t = \frac{W}{P}$$
$$= \frac{2\,400\,000\,J}{1\,600\,W}$$
$$= 1\,500\,s = 25\,min$$

7.2.1 Chemische Energie wird in thermische und mechanische Energie umgewandelt.

7.2.2 *Berechnung:*
Ges.: η   Geg.: $E_{zu} = 40\,MJ$
                       $E_{nutz} = 16\,MJ$

Lösung:
$$\eta = \frac{\text{nutzbare Energie}}{\text{zugeführte Energie}}$$
$$= \frac{16\,MJ}{40\,MJ}$$
$$= 0,4$$
Ergebnis: Der Wirkungsgrad beträgt 40 %.

7.2.3 **Ottomotor:** Ein Kraftstoff-Luftgemisch wird angesaugt (oder eingespritzt) und durch eine Zündung zur Explosion gebracht.
Dieselmotor: Der Kraftstoff wird in stark verdichtete Luft eingespritzt. Aufgrund des hohen Druckes und der hohen Temperatur erfolgt eine Explosion durch Selbstzündung.

7.2.4 Eine Möglichkeit ist die Verringerung der Masse des Pkws. Dies ist bei der Herstellung durch Verwendung von stabilen aber leichten Materialien möglich. Beim alltäglichen Gebrauch sollte auf unnötiges Gepäck verzichtet werden.

7.3.1 Betrachtet man nur die Nutzung des Elektroautos, ist diese Aussage sicher korrekt. Aber: Die Batterien des Elektroautos müssen mit Strom geladen werden. Deshalb muss auch in die Betrachtung einbezogen werden, wie der Ladestrom erzeugt wird. Sind die Batterien des Autos nicht mehr nutzbar, entsteht ein Entsorgungsproblem wegen der in den Batterien enthaltenen Schadstoffe.

7.3.2 Zum Laden einer Batterie darf der Strom nur in eine Richtung fließen. Dafür sorgt die Halbleiterdiode.

7.3.3 *Berechnung:*
Ges.: P in W   Geg.: $U = 400$ V
                                          $I = 450$ A

Lösung:
$P = U \cdot I$
$ = 400 \text{ V} \cdot 450 \text{ A}$ $1 \text{ V} \cdot 1 \text{ A} = 1 \text{ W}$
$ = 180\,000 \text{ W}$
$ = 180 \text{ kW}$

Ergebnis: Die maximale elektrische Leistung des Motors beträgt 180 kW.

7.4.1 Im Kernreaktor läuft eine gesteuerte Kettenreaktion ab. Dazu werden eine Mindestmasse spaltbares Material (kritische Masse), ein Moderator, Neutronen und Steuerstäbe benötigt. Die Kernspaltung wird durch Zusammenstoß von Neutronen mit spaltbaren Kernen (Uran 235) ausgelöst. Dafür ist eine bestimmte Geschwindigkeit der Neutronen notwendig. Bei der Spaltung freiwerdende Neutronen werden durch einen Moderator (z. B. Wasser) auf diese Geschwindigkeit abgebremst. Die Steuerstäbe absorbieren Neutronen und können so den Kernspaltungsprozess steuern.

7.4.2 *Zwei Gründe:* Sicherheitsrisiko – Freisetzung radioaktiver Strahlung bei einem Unfall; Masse des Reaktors – Die Gesamtmasse eines Fahrzeuges würde stark zunehmen.

Realschulabschluss 2013 Physik (Sachsen)
Pflichtaufgaben

Aufgabe 1: Schwingungen BE

Vom Lehrer wird Ihnen ein Experiment mit einem Fadenpendel vorgeführt. Die anfängliche Pendellänge 40 cm wird allmählich verdoppelt.

1.1 Beobachten Sie die Periodendauer des schwingenden Körpers. Notieren Sie Ihr Beobachtungsergebnis.   1

1.2 Entscheiden Sie, welche grafische Darstellung für die Änderung der Fadenlänge während des Schwingens zutrifft.   1

Diagramm A   Diagramm B   Diagramm C

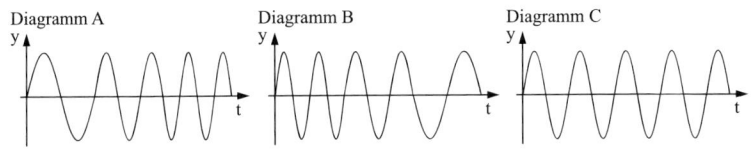

1.3 Berechnen Sie Periodendauer und Frequenz des Pendels für 80 cm Pendellänge.   4

Aufgabe 2: Optik

Die Abbildungen stellen Strahlenverläufe einfarbigen Lichts an der Grenzfläche zwischen Luft ($c_{Luft} = 299\,711\,\frac{km}{s}$) und Glas ($c_{Glas} = 186\,000\,\frac{km}{s}$) dar.
Der Einfallswinkel wird dabei immer weiter vergrößert.

Abbildung 1   Abbildung 2   Abbildung 3

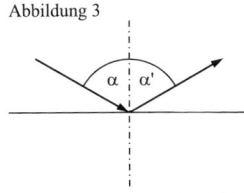

Abbildungen nicht maßstäblich

2.1 Entscheiden Sie, ob der Übergang des Lichtes von Luft in Glas oder von Glas in Luft dargestellt ist.
Begründen Sie Ihre Entscheidung.   2

2.2 Berechnen Sie den Einfallswinkel in Abbildung 2.   2

2.3 In Abbildung 3 ist eine Totalreflexion dargestellt. Nennen Sie zwei Bedingungen für deren Auftreten.
Geben Sie eine Anwendung der Totalreflexion an.   3

Aufgabe 3: Luftdruck

Zwischen Höhe h, Luftdruck p und Siedetemperatur ϑ_V besteht ein physikalischer Zusammenhang.

3.1 Der Luftdruck beträgt in Meeresspiegelhöhe (h = 0 m) durchschnittlich 1 013 hPa. Erklären Sie, dass der Luftdruck mit zunehmender Höhe abnimmt. 2

3.2 Eine Untersuchung der Siedetemperatur von Wasser in Abhängigkeit vom Luftdruck ergab folgende Messwertetabelle.

p in hPa	120	312	436	601	701	814	909	1 013
ϑ_V in °C	51	70	78	86	90	94	97	100

Zeichnen Sie ein zugehöriges $\vartheta_V(p)$-Diagramm.
Auf dem Fichtelberg wurde der Luftdruck 870 hPa gemessen.
Ermitteln Sie aus dem Diagramm die zugehörige Siedetemperatur. 4

Aufgabe 4: Astronomie

Das Horizontsystem erleichtert uns die Orientierung am Sternenhimmel.
Mithilfe der drehbaren Sternkarte werden die Koordinaten eines Sterns am 10. Februar um 22:00 Uhr ermittelt.

4.1 Benennen Sie die in der Skizze eingezeichnete Koordinate.
Bestimmen Sie den Stern, das zugehörige Sternbild und die noch fehlende Koordinate. 4

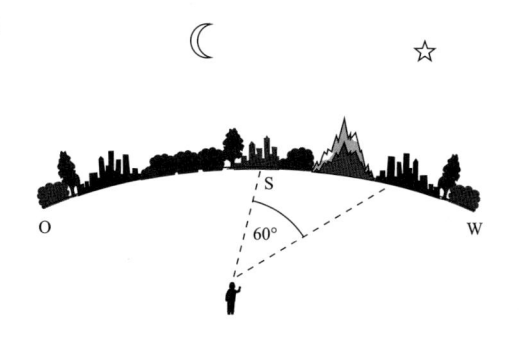

4.2 Der Stern befindet sich am 20. Mai um 15:30 Uhr an der gleichen Position. Weshalb ist er dennoch nicht sichtbar? 1

4.3 Geben Sie die in der Zeichnung dargestellte Mondphase an. 1

Tipps und Hinweise zu den Pflichtaufgaben

Tipps zu Aufgabe 1

Teilaufgabe 1.2
- In welchem Diagramm verändert sich die Periodendauer so, wie in Teilaufgabe 1 beobachtet?

Teilaufgabe 1.3
- Entnehmen Sie der Formelsammlung die Formeln für die Periodendauer eines Fadenpendels und die Frequenz.

Tipps zu Aufgabe 2

Teilaufgabe 2.1
- Vergleichen Sie Einfalls- und Brechungswinkel.
- Unter welchen Bedingungen wird der Strahl vom Lot weggebrochen?

Teilaufgabe 2.2
- Das Brechungsgesetz finden Sie in der Formelsammlung.

Tipps zu Aufgabe 3

Teilaufgabe 3.1
- Was ist die Ursache für den Luftdruck?

Teilaufgabe 3.2
- Achten Sie auf die korrekte Bezeichnung der Achsen des Diagramms.
- An der y-Achse wird die abhängige Größe abgetragen.

Tipps zu Aufgabe 4

Teilaufgabe 4.1
- Drehen Sie die Scheibe der Sternkarte so lange, bis angegebene Uhrzeit und Datum übereinstimmen. Suchen Sie den Stern mit einem Azimut von 60°.

Teilaufgabe 4.2
- Unter welchen Bedingungen können Sterne beobachtet werden?

Lösungen zu den Pflichtaufgaben

Aufgabe 1

1.1 *Beobachtung:*
Beim Verlängern der Pendellänge nimmt die Periodendauer zu.

1.2 *Entscheidung:*
Diagramm B. Die Periodendauer nimmt zu.

1.3 *Berechnung:*
Ges.: T in s   Geg.: $\ell = 80\,\text{cm} = 0,8\,\text{m}$
$$g = 9,81\,\frac{\text{m}}{\text{s}^2}$$

Lösung:
$$T = 2\pi \cdot \sqrt{\frac{\ell}{g}}$$
$$= 2\pi \cdot \sqrt{\frac{0,8\,\text{m}}{9,81\,\frac{\text{m}}{\text{s}^2}}}$$
$$= 1,8\,\text{s}$$

Berechnung:
Ges.: f in Hz   Geg.: $T = 1,8\,\text{s}$
Lösung:
$$f = \frac{1}{T}$$
$$= \frac{1}{1,8\,\text{s}} \qquad (1\,\text{s}^{-1} = 1\,\text{Hz})$$
$$\approx 0,56\,\text{Hz}$$

Ergebnis: Die Frequenz des Fadenpendels beträgt 0,56 Hz.

Aufgabe 2

2.1 *Entscheidung:*
Es ist der Übergang von Glas in Luft dargestellt.
Begründung:
Beim Übergang in das optisch dünnere Medium wird das Licht vom Lot weggebrochen.

2.2 *Berechnung:*
Ges.: α   Geg.: $\beta = 90°$
$c_{Luft} = 299\,711\,\frac{km}{s}$
$c_{Glas} = 186\,000\,\frac{km}{s}$

Lösung:

$$\frac{\sin\alpha}{\sin\beta} = \frac{c_{Glas}}{c_{Luft}}$$

$$\sin\alpha = \frac{\sin\beta \cdot c_{Glas}}{c_{Luft}}$$

$$= \frac{\sin 90° \cdot 186\,000\,\frac{km}{s}}{299\,711\,\frac{km}{s}}$$

$$= 0{,}62$$

$$\alpha = 38°$$

Ergebnis: Der Einfallswinkel beträgt 38°.

2.3 *Bedingungen:*
– Das Licht muss von einem optisch dichteren in ein optisch dünneres Medium übergehen.
– Der Einfallswinkel muss größer sein als ein bestimmter Winkel (Grenzwinkel).

Anwendung:
Lichtleitkabel (Glasfaserkabel)

Aufgabe 3

3.1 Der Luftdruck entsteht durch die Wirkung der Gewichtskraft von Luft (bzw. der Luftsäule) auf eine Fläche. Mit zunehmender Höhe lastet weniger Luft auf dieser Fläche, also nimmt der Luftdruck ab.

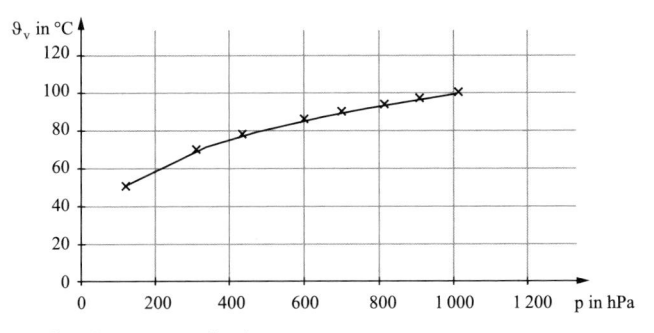

3.2

Aus dem Diagramm abgelesen:
Siedetemperatur bei einem Druck von 870 hPa: 95 °C

Aufgabe 4

4.1 In der Skizze ist der Azimut eingezeichnet. Die fehlende Koordinate ist die Höhe. Der Azimut gehört zum Stern Aldebaran im Sternbild Stier. Die Höhe beträgt 45°.

4.2 Am Tag kann der Stern nicht beobachtet werden.

4.3 Es ist der abnehmende Mond dargestellt.

Realschulabschluss 2013 Physik (Sachsen)
Wahlaufgaben

Von den folgenden Aufgaben 5, 6 und 7 haben Sie nur eine zu lösen.

Aufgabe 5: Elektrizitätslehre BE

5.1.1 Schülerexperiment

Aufgabe:
Nehmen Sie die I(U)-Kennlinien eines Widerstandes und einer Glühlampe auf. Bearbeiten Sie diese Aufgabe entsprechend der Arbeitsschritte beim Experimentieren:

Vorbereitung:
Zu bestimmende physikalische Größen; Messwertetabellen; Schaltpläne; notwendige Arbeitsmittel 3

Durchführung:
Versuchsaufbau; Messwerte 4

Auswertung:
Diagramme; Fehlerbetrachtung 5

Hinweis: Lassen Sie die Schaltung vom Lehrer überprüfen und beachten Sie jeweils die zulässige Höchstspannung.

5.1.2 Entscheiden und begründen Sie, ob für den Widerstand das Ohm'sche Gesetz gilt. 2

5.1.3 Berechnen Sie für zwei Spannungen den elektrischen Widerstand der Glühlampe. Vergleichen Sie die Widerstände. Begründen Sie. 5

5.2 Seit 2012 dürfen die meisten Glühlampen mit einer Leistung von mehr als 10 Watt nicht mehr verkauft werden.

5.2.1 Positionieren Sie sich zu diesem Verbot. Gehen Sie dabei auf den Wirkungsgrad ein. 2

5.2.2 Glühlampen werden auch durch Leuchtdioden ersetzt. Geben Sie zwei Vorteile für deren Einsatz an. 2

5.3 Erklären Sie das Widerstandsverhalten eines Halbleiters bei Temperaturänderung. 2

Aufgabe 6: Mechanik

6.1 Die Fahrt eines Zuges zwischen zwei Stationen lässt sich in drei Abschnitte einteilen.
A – Anfahren mit der Beschleunigung $1{,}5 \frac{m}{s^2}$ bis zur Geschwindigkeit $64{,}8 \frac{km}{h}$
B – Fahren mit konstanter Geschwindigkeit für 20 s
C – gleichmäßiges Abbremsen innerhalb von 10 s bis zum Stillstand

6.1.1 Berechnen Sie die Zeit bis zum Erreichen der Höchstgeschwindigkeit. 3

6.1.2 Berechnen Sie für den Abschnitt B den zurückgelegten Weg. 2

6.1.3 Geben Sie an, ob der Betrag der Bremsbeschleunigung kleiner, gleich oder größer als der Betrag der Beschleunigung beim Anfahren ist. Begründen Sie. 2

6.1.4 Zeichnen Sie für den Gesamtvorgang ein zugehöriges v(t)-Diagramm. 3

6.2 Um eine Stahlfeder zu dehnen, braucht man eine Kraft.
Das nach dem Physiker R. Hooke benannte Gesetz besagt, dass die Spannkraft F zur Längenänderung s der Feder proportional ist, solange eine elastische Verformung stattfindet. Der Proportionalitätsfaktor $\frac{F}{s}$ ist die für jede Feder spezifische Federkonstante D.

6.2.1 Woran ist die Proportionalität zweier physikalischer Größen zu erkennen? 2

6.2.2 Beschreiben Sie ein geeignetes Experiment zur Bestätigung des Hooke'schen Gesetzes. 3

6.2.3 Die Spannkraft 6 N ergibt bei einer Feder die Längenänderung 0,12 m.
Berechnen Sie die Federkonstante D der verwendeten Feder. 2

6.3 In Schwarzenberg/Erzgebirge, dieses Jahr Gastgeber für den „Tag der Sachsen", gibt es einen Schrägaufzug. Mit ihm werden 35 m Höhenunterschied zur Altstadt überwunden. Dabei legt eine besetzte Kabine (Gesamtmasse 1 000 kg) die 56 m Schienenweg in 42 s zurück.

6.3.1 Berechnen Sie die Durchschnittsgeschwindigkeit des Aufzugs. 2

6.3.2 Geben Sie die Gewichtskraft der besetzten Kabine an. 1

6.3.3 Die notwendige Zugkraft ist kleiner als die Gewichtskraft der Kabine.
Begründen Sie. 2

6.3.4 Berechnen Sie die Hubarbeit, die der Motor des Aufzuges bei einer Bergfahrt verrichtet.
Nennen Sie einen Grund, warum tatsächlich eine größere Arbeit verrichtet wird. 3

Aufgabe 7: Energiespeicher

Durch die zunehmende Nutzung der erneuerbaren Energieträger steigt die Notwendigkeit der Speicherung von elektrischer Energie. Die Übersicht zeigt Beispiele für Energiespeicher mit wichtigen Eigenschaften.

Speichertyp	Speicherart	Speicherkapazität	Wirkungsgrad
Kurzzeitspeicher	Supraleitende Spulen	30 kWh	95 %
	Kondensatoren	52 kWh	95 %
	Schwungmassenspeicher	5 MWh	90 %
Langzeitspeicher	Druckluftspeicher	580 MWh	60 %
	Pumpspeicherwerke	8 GWh	80 %
Elektrochemische Speicher	Lithium-Ionen-Akkus im Pkw	50 kWh	95 %
	Blei-Säure-Akkus	40 MWh	75 %

7.1 Die Energiespeicher unterscheiden sich bezüglich Speicherkapazität und Wirkungsgrad.

7.1.1 Geben Sie an:
a) den Kurzzeitspeicher mit der größten Speicherkapazität
b) den elektrochemischen Speicher mit dem schlechtesten Wirkungsgrad   2

7.1.2 Zur optimalen Nutzung der Energie von Wind und Sonne sind große Speicherkapazitäten erforderlich.
Begründen Sie.   2

7.1.3 Berechnen Sie die Größe der Energie, die beim Druckluftspeicher unter Berücksichtigung des Wirkungsgrades genutzt werden kann.   2

7.2 In supraleitenden Spulen wird die Energie in Magnetfeldern gespeichert.

7.2.1 Geben Sie den Zusammenhang zwischen der Stromstärke in einer Spule und der Stärke des Magnetfeldes an.   1

7.2.2 Das Diagramm zeigt vereinfacht den Zusammenhang zwischen der Temperatur eines Supraleiters und seinem elektrischen Widerstand.
Beschreiben Sie die Veränderung des elektrischen Widerstandes des Supraleiters bei starker Abkühlung.   2

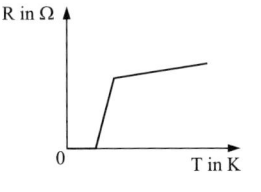

7.3 Bei einem Schwungmassenspeicher dreht sich eine Scheibe mit der Masse 24 kg 53 000-mal in einer Minute.

7.3.1 Nennen Sie die Form der Energie, die in der Scheibe gespeichert ist.   1

7.3.2 Die Scheibe läuft im Vakuum und ist magnetisch gelagert.
Begründen Sie die Notwendigkeit dieser Maßnahmen.   2

7.3.3 Berechnen Sie die Leistung des Schwungmassenspeichers, wenn die Energie von 5 MWh in 15 min abgegeben wird.   2

7.4 Im Pumpspeicherwerk wird Wasser in ein höher gelegenes Becken gepumpt und dort gespeichert. Bei Energiebedarf treiben Turbinen mithilfe des herabströmenden Wassers Generatoren an. Ein Generator erzeugt elektrischen Strom der Stromstärke 20 000 A bei der Spannung 11 kV.

7.4.1 Geben Sie jeweils die wesentliche Energieumwandlung in Pumpe und Generator an. 2

7.4.2 Berechnen Sie die Leistung eines Generators. 2

7.4.3 Zur Fernübertragung der elektrischen Energie wird die Spannung mithilfe eines Transformators vergrößert.
Wie wirkt sich dies auf die Stromstärke aus? Begründen Sie. 2

7.5 Im Lithium-Ionen-Akku eines Pkw werden 70 Zellen mit der Spannung 3,6 V parallel zu Blöcken geschaltet. 100 solcher Blöcke werden in Reihe geschaltet. Mit der im Akku gespeicherten Energie von 50 kWh kann das Auto 250 km weit fahren.

7.5.1 Geben Sie die Gesamtspannung des Akkus an. 1

7.5.2 Berechnen Sie die Energiekosten für eine 100-km-Fahrt, wenn 0,25 € für 1 kWh bezahlt werden müssen. 2

7.5.3 Bis zum Jahr 2020 soll es in Deutschland 1 Million Elektroautos geben.
Geben Sie die dadurch zur Verfügung stehende Speicherkapazität für elektrische Energie an.
Vergleichen Sie diese mit der Speicherkapazität eines Pumpspeicherwerkes. 2

Tipps und Hinweise zu den Wahlaufgaben

Tipps zu Aufgabe 5

Teilaufgabe 5.1
- Welche Größen müssen bestimmt werden und welche Geräte sind dazu erforderlich?
- Nutzen Sie die Formelsammlung für die Schaltpläne und die Berechnungen.

Teilaufgabe 5.1.2
- Prüfen Sie mithilfe der Kennlinie oder der Berechnung des Proportionalitätsfaktors, ob für den Widerstand gilt $I \sim U$.

Teilaufgabe 5.1.3
- Die Formel zur Berechnung des Widerstandes finden Sie in der Formelsammlung.

Teilaufgabe 5.2.1
- Überlegen Sie, welchen Anteil die nutzbare Energie bei einer Glühlampe hat.

Teilaufgabe 5.3
- Beachten Sie: Temperaturänderung heißt Temperaturerhöhung und -verringerung.
- Denken Sie an den Teilchenaufbau eines Halbleiters.

Tipps zu Aufgabe 6

Teilaufgabe 6.1.1 / 6.1.2
- Überlegen Sie, um welche Bewegungsart es sich handelt. Die benötigten Formeln finden Sie in der Formelsammlung.

Teilaufgabe 6.1.3
- Betrachten Sie die Zeit, die benötigt wird, um auf die Höchstgeschwindigkeit zu kommen, und die Zeit für den Bremsvorgang. Was bedeuten die unterschiedlichen Zeiten?

Teilaufgabe 6.1.4
- Wählen Sie eine geeignete Einteilung der Koordinatenachsen. Verwenden Sie die in Teilaufgabe 6.1.1 berechnete Zeit sowie die Zeitangaben für die Abschnitte B und C.

Teilaufgabe 6.2.2
- Überlegen Sie, wie die Feder gedehnt und die Längenänderung gemessen werden kann.

Teilaufgabe 6.2.3
- Verwenden Sie den im Text zur Aufgabe angegebenen Proportionalitätsfaktor für die Berechnung.

Teilaufgabe 6.3.1
- Die Formel zur Berechnung der Durchschnittsgeschwindigkeit finden Sie in der Formelsammlung.

Teilaufgabe 6.3.2
- Die Gewichtskraft errechnet sich aus der Erdbeschleunigung und der Masse.
- Faustregel: 100 g Masse entsprechen ungefähr 1 N.

Teilaufgabe 6.3.3
- Denken Sie an die Wirkungsweise einer kraftumformenden Einrichtung.

Teilaufgabe 6.3.4
- Die Formel zur Berechnung der Hubarbeit finden Sie in der Formelsammlung.
- Welche unerwünschte Erscheinung tritt bei allen Bewegungsvorgängen auf?

Tipps zu Aufgabe 7

Teilaufgabe 7.1.1
- Suchen Sie die entsprechenden Speicher aus der Tabelle heraus.

Teilaufgabe 7.1.2
- Beachten Sie die Verfügbarkeit dieser Energiequellen.

Teilaufgabe 7.1.3
- Die Formel zur Berechnung des Wirkungsgrades finden Sie in der Formelsammlung.

Teilaufgabe 7.2.2
- Betrachten Sie den Kurvenverlauf „rückwärts" für sinkende Temperaturen.

Teilaufgabe 7.3.2
- Wodurch können bei der Bewegung der Scheibe Energieverluste entstehen?

Teilaufgabe 7.3.3
- Die Formel zur Berechnung der mechanischen Leistung finden Sie in der Formelsammlung.

Teilaufgabe 7.4.2
- Die Formel zur Berechnung der elektrischen Leistung finden Sie in der Formelsammlung.

Teilaufgabe 7.4.3
- Welcher Zusammenhang besteht zwischen Stromstärke und Spannung in einem Leiter?

Teilaufgabe 7.5.1
- Die Gesetzmäßigkeiten für Reihen- und Parallelschaltung finden Sie in der Formelsammlung.

Lösungen zu den Wahlaufgaben

Aufgabe 5

5.1.1 Schülerexperiment

Vorbereitung:
Für beide Bauelemente müssen Stromstärke und Spannung bestimmt werden.

Schaltplan: Widerstand   Schaltplan: Glühlampe

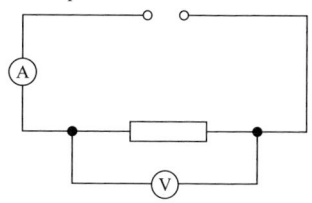

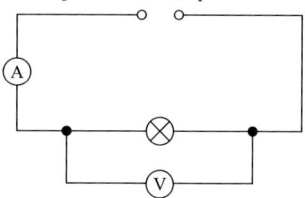

Durchführung:

Messwertetabelle

Nr. der Messung	U in V	I in mA
1	0	0
2	2	170
3	4	330
4	6	510
5	8	690

Messwertetabelle

Nr. der Messung	U in V	I in mA
1	1,4	80
2	2,8	110
3	4,2	140
4	5,1	160
5	6,4	170

Auswertung:

I(U)-Kennlinie Widerstand   I(U)-Kennlinie Glühlampe

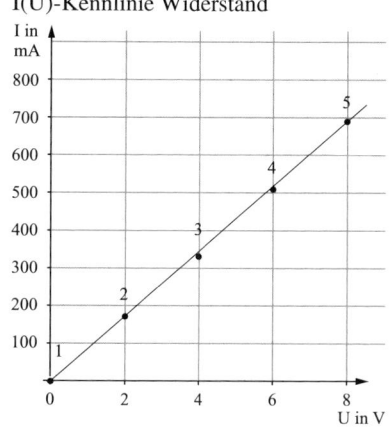

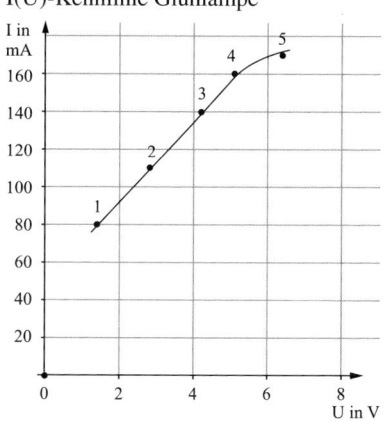

Mögliche Fehler: Fehler der Messgeräte und Ablesefehler

5.1.2 Das Ohm'sche Gesetz gilt für den Widerstand, denn Spannung und Stromstärke sind direkt proportional. Dies erkennt man daran, dass die I(U)-Kennlinie eine (Ursprungs-) Gerade ist.

5.1.3 *Berechnung:*
Ges.: R_1 in Ω; R_2 in Ω Geg.: $U_1 = 1,4$ V
$U_2 = 6,4$ V
$I_1 = 80$ mA $= 0,08$ A
$I_2 = 170$ mA $= 0,17$ A

Lösung:
$$R = \frac{U}{I}$$
$$R_1 = \frac{1,4 \text{ V}}{0,08 \text{ A}} \qquad R_2 = \frac{6,4 \text{ V}}{0,17 \text{ A}}$$
$$= 17,5 \, \Omega \qquad\qquad = 37,6 \, \Omega$$

Ergebnis: Der Widerstand R_2 ist mehr als doppelt so groß wie R_1. Für eine Glühlampe gilt nicht das Ohm'sche Gesetz. Die Temperatur des Glühfadens nimmt zu und damit sein Widerstand.

5.2.1 Der Wirkungsgrad einer Glühlampe ist sehr gering. Der überwiegende Teil der eingesetzten Energie wird in Wärme umgewandelt und nicht in Lichtenergie. Bei den knapper werdenden Energieressourcen wird durch ein solches Verbot der Energieverschwendung Einhalt geboten. Ein solches Verbot ist deshalb sinnvoll.

5.2.2 *Vorteile:*
Z. B. Leuchtdioden erzeugen wenig Wärme und haben eine höhere Lebensdauer als Glühlampen.

5.3 *Temperaturerhöhung:*
Der Widerstand des Halbleiters nimmt ab.
Begründung:
Die Anzahl der Ladungsträger (Elektronen und Löcher) nimmt zu.
Temperaturabnahme:
Der Widerstand des Halbleiters nimmt zu.
Begründung:
Die Elektronen können sich nicht aus ihrer Bindung lösen, d. h., es stehen weniger Ladungsträger für den Leitungsvorgang zur Verfügung.

Aufgabe 6

6.1.1 *Berechnung:*
Ges.: Zeit t in s Geg.: $v = 64,8 \, \frac{\text{km}}{\text{h}} = 18 \, \frac{\text{m}}{\text{s}}$
$$a = 1,5 \, \frac{\text{m}}{\text{s}^2}$$

Lösung:
Beim Anfahren handelt es sich um eine beschleunigte Bewegung.

$$v = a \cdot t \implies t = \frac{v}{a}$$

$$= \frac{18 \, \frac{m}{s}}{1{,}5 \, \frac{m}{s^2}}$$

$$= 12 \, s$$

Ergebnis: Nach 12 s ist die Höchstgeschwindigkeit erreicht.

6.1.2 *Berechnung:*
Ges.: s in m   Geg.: $v = 64{,}8 \, \frac{km}{h} = 18 \, \frac{m}{s}$

$\qquad\qquad\qquad\qquad\qquad\qquad t = 20 \, s$

Lösung:
In dieser Phase liegt eine gleichförmige Bewegung vor.
$s = v \cdot t$

$= 18 \, \frac{m}{s} \cdot 20 \, s$

$= 360 \, m$

Ergebnis: Es wird ein Weg von 360 m zurückgelegt.

6.1.3 Der Betrag der Bremsbeschleunigung muss größer sein, denn zum Abbremsen wird eine geringere Zeit benötigt als zum Beschleunigen.

6.1.4 v(t)-Diagramm:

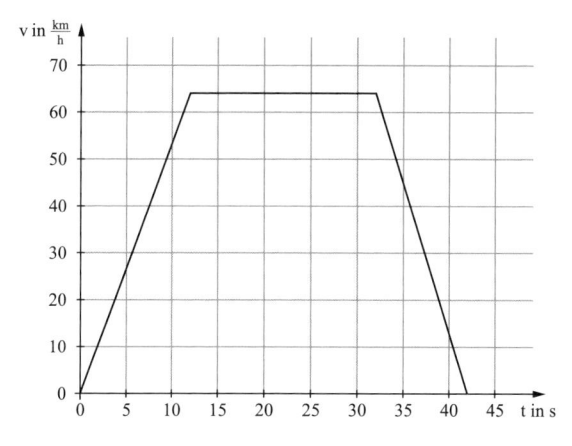

6.2.1 Zwei physikalische Größen sind zueinander proportional, wenn bei Verdopplung der einen Größe sich auch die andere Größe verdoppelt.

6.2.2 Die Proportionalität kann nachgewiesen werden, indem die Ausdehnung der Feder bei Belastung gemessen wird. Dazu können Hakenkörper zur Ausdehnung der Feder und ein Lineal zur Messung der zugehörigen Längenänderung verwendet werden.

6.2.3 *Berechnung:*

Ges.: D in $\frac{N}{m}$ Geg.: $F = 6\,N$
$\ s = 0{,}12\,m$

Lösung:

$$D = \frac{F}{s}$$

$$= \frac{6\,N}{0{,}12\,m}$$

$$= 50\,\frac{N}{m}$$

Ergebnis: Die Federkonstante beträgt $50\,\frac{N}{m}$.

6.3.1 *Berechnung:*

Ges.: v in $\frac{m}{s}$ Geg.: $s = 56\,m$
$\ t = 42\,s$

Lösung:

$$v = \frac{s}{t}$$

$$= \frac{56\,m}{42\,s}$$

$$= 1{,}3\,\frac{m}{s}$$

Ergebnis: Die Durchschnittsgeschwindigkeit beträgt $1{,}3\,\frac{m}{s}$.

6.3.2 $1\,000\,kg \,\widehat{=}\, 10\,000\,N = 10\,kN$

6.3.3 Der Schrägaufzug stellt eine kraftumformende Einrichtung dar – eine geneigte Ebene. Die Zugkraft hängt vom Neigungswinkel der geneigten Ebene ab. Je geringer der Neigungswinkel, desto geringer die Kraft, die zum Überwinden eines Höhenunterschiedes notwendig ist. Die Länge der geneigten Ebene ist größer als der zu überwindende Höhenunterschied. Dadurch wird die Zugkraft geringer als die Gewichtskraft des Aufzugs.

6.3.4 *Berechnung:*
Ges.: W_{Hub} in J   Geg.: $h = 35$ m
$\qquad\qquad\qquad\qquad\qquad\quad F_G = 10$ kN

Lösung:
$W_{Hub} = F_G \cdot h$
$\qquad = 10$ kN $\cdot 35$ m   (1 Nm = 1 J)
$\qquad = 350$ kJ

Ergebnis: Die Hubarbeit beträgt 350 kJ.
Die tatsächliche Hubarbeit ist größer, weil zusätzlich Reibungsarbeit zu verrichten ist.

Aufgabe 7

7.1.1 a) Schwungmassenspeicher
      b) Blei-Säure-Akkus

7.1.2 Wind und Sonne stehen nicht kontinuierlich über den Tag verteilt zur Verfügung. Der Bedarf an Energie ist auch unterschiedlich, deshalb muss die Energie nach Bedarf zur Verfügung stehen. Das ist nur möglich, wenn die aus Sonne und Wind gewonnene Energie gespeichert werden kann.

7.1.3 *Berechnung:*
Ges.: E_{Nutz} Geg.: $\eta = 60\% = 0{,}6$
$\qquad\qquad\qquad\qquad\qquad\quad E_{zu} = 580$ MWh

Lösung:
$\eta = \dfrac{\text{nutzbare Energie}}{\text{zugeführte Energie}}$

$E_{nutz} = \eta \cdot E_{zu}$
$\qquad\; = 0{,}6 \cdot 580$ MWh
$\qquad\; = 348$ MWh

Ergebnis: Die nutzbare Energie beträgt rund 350 MWh.

7.2.1 Je stärker die Stromstärke in einer Spule, desto stärker ist das sie umgebende Magnetfeld.

7.2.2 Nimmt die Temperatur ab, sinkt der elektrische Widerstand zunächst ganz langsam. Bei einer bestimmten Temperatur geht der Widerstand sprunghaft auf null zurück.

7.3.1 In der Scheibe ist mechanische Energie (kinetische Energie bzw. Rotationsenergie) gespeichert.

7.3.2 Reibungsverluste im Lager und durch den Luftwiderstand können so vermindert werden und der Wirkungsgrad wird dadurch erhöht.

7.3.3 *Berechnung:*
Ges.: P in W   Geg.: E = 5 MWh
               t = 15 min = 0,25 h

Lösung:
$$P = \frac{E}{t}$$
$$= \frac{5 \text{ MWh}}{0,25 \text{ h}}$$
$$= 20 \text{ MW}$$

Ergebnis: Die Leistung des Schwungmassenspeichers beträgt 20 MW.

7.4.1 Pumpe: Elektrische Energie wird in mechanische Energie umgewandelt.
Generator: Mechanische Energie wird in elektrische Energie umgewandelt.

7.4.2 *Berechnung:*
Ges.: P in W   Geg.: U = 11 kV = 11 000 V
                     I = 20 000 A

Lösung:
$P = U \cdot I$
 $= 11\,000 \text{ V} \cdot 20\,000 \text{ A}$ (1 V · 1 A = 1 W)
 $= 220\,000\,000 \text{ W}$
 $= 220 \text{ MW}$

Ergebnis: Die Leistung des Generators beträgt 220 MW.

7.4.3 Bei Vergrößerung der Spannung nimmt die Stromstärke ab.

Begründung:
Da die Leistung $P = U \cdot I$ konstant bleiben soll, gilt Folgendes: Wenn U größer wird, muss I kleiner werden.

7.5.1 Werden Zellen in Reihe geschaltet, erhöht sich die Gesamtspannung:
100 · 3,6 V = 360 V

7.5.2 Für eine 100-km-Fahrt werden 20 kWh (50 kWh : 2,5) benötigt. Daraus ergeben sich Kosten in Höhe von 5 € (0,25 €/kWh · 20 kWh).

7.5.3 Speicherkapazität bei 1 Million Elektroautos:
50 kWh · 1 000 000 = 50 000 000 kWh = 50 GW

Das ist mehr als das Sechsfache der Kapazität eines Pumpspeicherwerks.

Realschulabschluss 2014 Physik (Sachsen)
Pflichtaufgaben

Aufgabe 1: Druck und seine Wirkungen BE

Vom Lehrer wird Ihnen ein Experiment mit zwei Körpern vorgeführt.

1.1 Beobachten Sie die beiden Körper beim Eintauchen in die Flüssigkeit. Notieren Sie Ihre Beobachtungsergebnisse. 2

1.2 Erklären Sie das Verhalten des Körpers A. Gehen Sie dabei auf die wirkenden Kräfte ein. 2

1.3 Schiffe haben an ihrem Rumpf eine Markierung. Sie kennzeichnet die höchstzulässige Eintauchtiefe des Schiffes.
Ein Schiff wird im Süßwasser beladen und fährt mit gleicher Masse im Salzwasser. Wie verändert sich die Eintauchtiefe des Schiffes? Begründen Sie. 2

Aufgabe 2: Mechanik

Um Straßen und Verkehrswege nicht unnötig aufzureißen, können Stahlrohre grabenlos verlegt werden. Der Rohrvortrieb erfolgt mit der durchschnittlichen Geschwindigkeit $10\,\frac{m}{h}$.

2.1 Erläutern Sie den Begriff Durchschnittsgeschwindigkeit. 2

2.2 Geben Sie die durchschnittliche Zeit für 80 m Rohrvortrieb an. 1

2.3 Übernehmen Sie folgende Sätze auf Ihr Arbeitsblatt und vervollständigen Sie diese.
- Je größer die Geschwindigkeit, desto _____ Wege werden in derselben Zeit zurückgelegt.
- Für denselben Weg wird bei geringerer Geschwindigkeit _____ Zeit benötigt.
- Derselbe Weg wird in kürzerer Zeit mit _____ Geschwindigkeit zurückgelegt. 3

Aufgabe 3: Elektrizitätslehre

Mit Transformatoren werden Spannungen umgewandelt.

3.1 Beschreiben Sie den Aufbau eines Transformators. 2
Erläutern Sie seine Wirkungsweise. 3

3.2 Nennen Sie zwei Möglichkeiten zum Vergrößern der Sekundärspannung. 1

Aufgabe 4: Optik

Eine Untersuchung des Strahlenverlaufes einfarbigen Lichtes für den Übergang von Glas nach Luft ergab folgendes Diagramm.

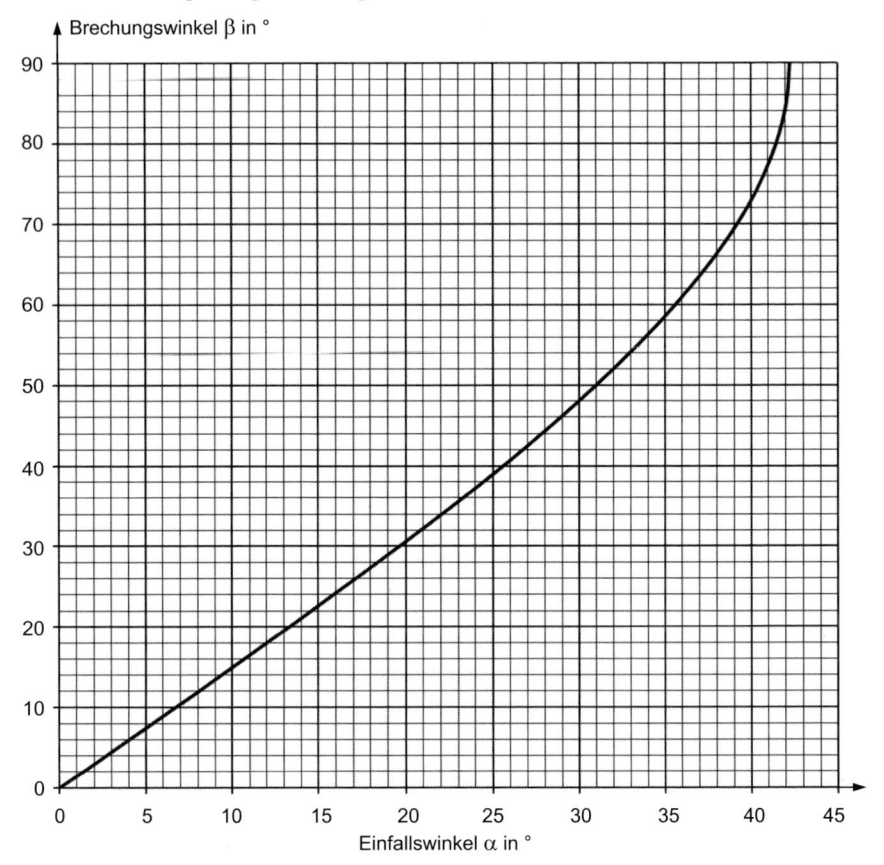

4.1 Der Einfallswinkel im Glas beträgt 30°.
- Ermitteln Sie mithilfe des Diagramms den zugehörigen Brechungswinkel. 1
- Stellen Sie den Strahlenverlauf für diesen Einfallswinkel zeichnerisch dar. 2
- Berechnen Sie die Geschwindigkeit des Lichtes im Glas. 3

4.2 Welcher Vorgang findet bei dem Einfallswinkel 44° statt? 1

Tipps und Hinweise zu den Pflichtaufgaben

Tipps zu Aufgabe 1

Teilaufgabe 1.2
- Welche Kräfte wirken beim Auftrieb?

Teilaufgabe 1.3
- Wovon hängt der Auftrieb ab?
- Welche Flüssigkeit hat eine höhere Dichte?

Tipps zu Aufgabe 2

Teilaufgabe 2.1
- Übertragen Sie den Begriff „Durchschnitt" auf „durchschnittliche Geschwindigkeit".

Teilaufgabe 2.3
- Welcher Zusammenhang besteht zwischen Weg, Zeit und Geschwindigkeit?

Tipps zu Aufgabe 3

Teilaufgabe 3.1
- Fertigen Sie eine Skizze an und benennen Sie die Teile des Transformators.
- Mit welcher Spannungsart wird ein Transformator betrieben?
- Was passiert im Transformator nach Anlegen einer Spannung?

Teilaufgabe 3.2
- Denken Sie an die Spannungsübersetzung am Transformator.

Tipps zu Aufgabe 4

Teilaufgabe 4.1
- Nutzen Sie für die Berechnung das Brechungsgesetz.

Teilaufgabe 4.2
- Können Sie einen Brechungswinkel im Diagramm bei 44° ablesen?

Lösungen zu den Pflichtaufgaben

Aufgabe 1

1.1 *Beobachtung:*
Körper A sinkt im Wasser.
Körper B schwimmt im Wasser.

1.2 *Erklärung:*
Es wirken die Gewichtskraft des Körpers und die Auftriebskraft beim Eintauchen in das Wasser. Die Gewichtskraft des Körpers ist größer als die Auftriebskraft, deshalb sinkt der Körper.

1.3 Die Auftriebskraft auf das Schiff im Salzwasser ist aufgrund der höheren Dichte größer als im Süßwasser, deshalb taucht das Schiff nicht so weit ein. Die Eintauchtiefe nimmt ab.

Aufgabe 2

2.1 Bei der Durchschnittsgeschwindigkeit wird der gesamte zurückgelegte Weg durch die dazu benötigte Zeit dividiert. In diesem Zeitraum kann die Geschwindigkeit kurzzeitig größer oder kleiner als die Durchschnittsgeschwindigkeit sein.

2.2 Bei einer Durchschnittsgeschwindigkeit von 10 Meter pro Stunde beträgt die Zeit 8 Stunden.

2.3 *Bedingungen:*
– Je größer die Geschwindigkeit, desto **längere** Wege werden in derselben Zeit zurückgelegt.
– Für denselben Weg wird bei geringerer Geschwindigkeit **mehr** Zeit benötigt.
– Derselbe Weg wird in kürzerer Zeit mit **höherer** Geschwindigkeit zurückgelegt.

Aufgabe 3

3.1

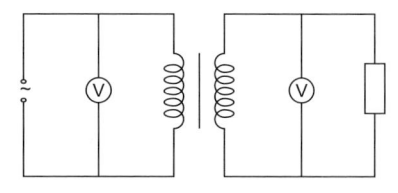

Ein Transformator besteht aus einem Spulenpaar (Primär- und Sekundärspule), das sich auf einem geschlossenen, geblätterten Eisenkern befindet.
An die Primärspule wird eine Wechselspannung angelegt. Das entstehende magnetische Wechselfeld durchdringt die Sekundärspule. Dadurch wird in der Sekundärspule eine Wechselspannung induziert.

3.2 1. Möglichkeit: Die Windungszahl der Sekundärspule kann erhöht werden.
2. Möglichkeit: Die Primärspannung kann erhöht werden.

Aufgabe 4

4.1 Aus dem Diagramm abgelesen: $\beta = 48°$.

Strahlenverlauf:

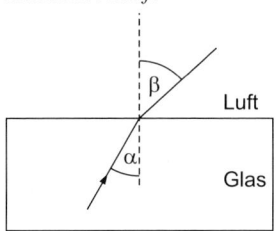

Berechnung:

Ges.: c_{Glas} in $\frac{km}{s}$

Geg.: $\alpha = 30°$
$\beta = 48°$
$c_{Luft} = 299\ 792\ \frac{km}{s}$

Lösung:

$$\frac{\sin\alpha}{\sin\beta} = \frac{c_{Glas}}{c_{Luft}}$$

$$c_{Glas} = \frac{\sin\alpha \cdot c_{Luft}}{\sin\beta}$$

$$= \frac{\sin 30° \cdot 299\ 792\ \frac{km}{s}}{\sin 48°}$$

$$c_{Glas} = 201\ 705\ \frac{km}{s}$$

Ergebnis: Geschwindigkeit des Lichtes in Glas beträgt $201\ 705\ \frac{km}{s}$.

4.2 Bei 44° findet Totalreflexion statt.

Realschulabschluss 2014 Physik (Sachsen)
Wahlaufgaben

Von den folgenden Aufgaben 5, 6 und 7 haben Sie nur eine zu lösen.

Aufgabe 5: Mechanische Schwingungen und Wellen BE

5.1 Schülerexperiment Fadenpendel
Untersuchen Sie die Abhängigkeit der Periodendauer T von der Pendellänge ℓ.
Bearbeiten Sie die Aufgabe entsprechend der Arbeitsschritte beim Experimentieren:
- *Vorbereitung* (Messwerttabelle; notwendige Arbeitsmittel) 2
- *Durchführung* (Aufbau; Messwerte) 3
- *Auswertung* (Diagramm; Ergebnis; Fehlerbetrachtung) 5

5.2 Eine mechanische Schwingung mit der Frequenz 100 Hz wurde aufgezeichnet. Dabei ergab sich folgendes y(t)-Diagramm:

5.2.1 Ermitteln Sie die Periodendauer der Schwingung. 2

5.2.2 Geben Sie den Wert für den Zeitpunkt t_1 an. 1

5.3 Eine Stimmgabel führt eine gedämpfte Schwingung aus.

5.3.1 Wie ändern sich dabei Lautstärke und Höhe des Tones? Begründen Sie. 4

5.3.2 Skizzieren Sie ein entsprechendes y(t)-Diagramm für mindestens zwei Perioden. 3

5.4 Informationen können mithilfe von Schallwellen übertragen werden.

5.4.1 Bei der Ausbreitung von Schallwellen tritt Beugung auf.
Erläutern Sie diese Eigenschaft von Schallwellen an einem Beispiel. 2

5.4.2 Das berühmte Echo vom Königssee wird mit einer Trompete vom Schiff gegenüber einer Felswand demonstriert.
Ermitteln Sie die Entfernung des Felsens, wenn das Echo nach 4 s zu hören ist. 3

Aufgabe 6: Elektrizitätslehre

6.1 Für zwei Bauelemente A und B wurden folgende Messreihen aufgenommen:

U in V	0	1,4	2,9	4,2	5,8	6,8	9,2	11,4
I_A in mA	0	11	23	34	45	56	74	90
I_B in mA	0	22	40	54	65	70	81	87

6.1.1 Stellen Sie beide Messreihen in einem I(U)-Diagramm dar.   4

6.1.2 Entscheiden Sie, ob für die Bauelemente jeweils das ohmsche Gesetz gilt. Begründen Sie.   2

6.2 In einer Parallelschaltung von zwei Widerständen $R_1 = 100\ \Omega$ und $R_2 = 300\ \Omega$ werden die Gesamtspannung $U = 12$ V und die Gesamtstromstärke $I = 160$ mA gemessen.

6.2.1 Zeichnen Sie einen entsprechenden Schaltplan.   2

6.2.2 Bestätigen Sie den Wert der Gesamtstromstärke durch Rechnung.   3

6.2.3 Zwecks Einsparung von Bauelementen sollen die beiden parallel geschalteten Widerstände durch einen einzigen Widerstand ersetzt werden.
- Berechnen Sie die Größe des Widerstandes, bei dem sich die Größe der Gesamtstromstärke nicht ändert.   2
- Wie ändert sich die Gesamtstromstärke, wenn ein kleinerer Widerstand eingesetzt wird?   1

6.3 Mithilfe der als Widerstandsgesetz bezeichneten Formel (siehe rechts) kann der elektrische Widerstand eines Metalldrahtes berechnet werden.

$$R = \frac{\rho \cdot \ell}{A}$$

R   Widerstand
ρ spezifischer elektrischer Widerstand
ℓ Länge des Leiters
A   Querschnittsfläche

Bei bekannten Werten von Widerstand, Länge und Querschnittsfläche lässt sich der spezifische elektrische Widerstand ρ ermitteln und so mit der folgenden Tabelle das Material bestimmen.

Metall	Aluminium	Kupfer	Zinn	Konstantan
ρ in $\frac{\Omega \cdot mm^2}{m}$	0,028	0,017	0,11	0,50

Ermitteln Sie den spezifischen elektrischen Widerstand für $R = 0{,}170$ kΩ, $\ell = 51$ m und $A = 0{,}15$ mm².   3
Ordnen Sie dem Draht das entsprechende Material zu.   1

6.4 Leuchtdioden (LED) gehören zu den modernen Leuchtmitteln und ersetzen z. B. Glühlampen. Für den Betrieb einer LED (2,2 V / 1 W) mit einer 6-V-Spannungsquelle ist ein Vorwiderstand erforderlich.

6.4.1 Nennen Sie zwei Vorteile von LED gegenüber Glühlampen.   2

6.4.2 Was geschieht mit der LED beim Betrieb ohne Vorwiderstand?   1

6.4.3 Berechnen Sie die Größe dieses Vorwiderstandes.   4

Aufgabe 7: Energie, Umwelt, Mensch

Steigende Energiekosten und abnehmende Ressourcen erfordern neue Überlegungen bei der Elektroenergie- und Wärmeversorgung von Wohnhäusern.

7.1 Viele Wohnhäuser werden mit aus Erdöl gewonnenem Heizöl beheizt. Die Tabelle zeigt einige Eigenschaften von Heizöl. Der Heizwert eines Brennstoffes gibt an, wie viel Wärme pro Kilogramm beim Verbrennen abgegeben wird.

Dichte	$0{,}85 \frac{kg}{\ell}$
Heizwert	$43 \frac{MJ}{kg}$
CO_2-Emissionen bei Verbrennung	$2{,}65 \frac{kg}{\ell}$

7.1.1 Geben Sie die beim Verbrennen von Heizöl auftretende Energieumwandlung an.   1

7.1.2 Ermitteln Sie die bei der Verbrennung von 100 Liter Heizöl zur Verfügung stehende Wärme.   2

7.1.3 Erläutern Sie eine Folge der Verbrennung von Heizöl für die Umwelt.   2

7.1.4 Nennen Sie zwei weitere fossile Energieträger.   1

7.2 Um den Einsatz fossiler Energieträger zu reduzieren, gewinnt die Nutzung der Sonnenenergie zunehmend an Bedeutung. In einer Tageszeitung war zu lesen:

> **Die Sonne heizt auch im Winter**
> *In einem Ganzjahressolarhaus wird mithilfe von Sonnenkollektoren fast die gesamte Energie für Heizung und Warmwasser bereitgestellt und in einem mit 20 000 Liter Wasser gefüllten Solartank gespeichert. Der Tank ist mit alubeschichteten Glaswollematten isoliert. Elektrische Umwälzpumpen sorgen für die Bewegung der Flüssigkeit in der Anlage.*

7.2.1 Erläutern Sie die besondere Eignung der Beschichtung und des verwendeten Isoliermaterials für die Wärmedämmung.   2

7.2.2 Berechnen Sie die Wärme, die bei Abkühlung des Wassers im Tank von 95 °C auf 30 °C zur Verfügung stehen würde.   3

7.2.3 Nennen Sie einen Grund für die besondere Eignung von Wasser als Wärmespeicher.   1

7.2.4 Um die Wirtschaftlichkeit eines Solarhauses bewerten zu können, müssen auch Nebenkosten einbezogen werden. So hat die Umwälzpumpe eine elektrische Leistung 8 W und läuft 5 000 h im Jahr. Berechnen Sie die dabei entstehenden Energiekosten, wenn 1 kWh 0,30 € kostet.   3

7.2.5 Geben Sie die wesentliche Energieumwandlung beim Betrieb einer Umwälzpumpe an.   1

7.3 Die im Haus erforderliche elektrische Energie kann durch Solarzellen erzeugt werden.
Für eine Solarzelle wurde mithilfe eines Experimentes der Zusammenhang zwischen Spannung und Stromstärke beim Anschluss unterschiedlich großer Widerstände untersucht und in folgendem Diagramm dargestellt.

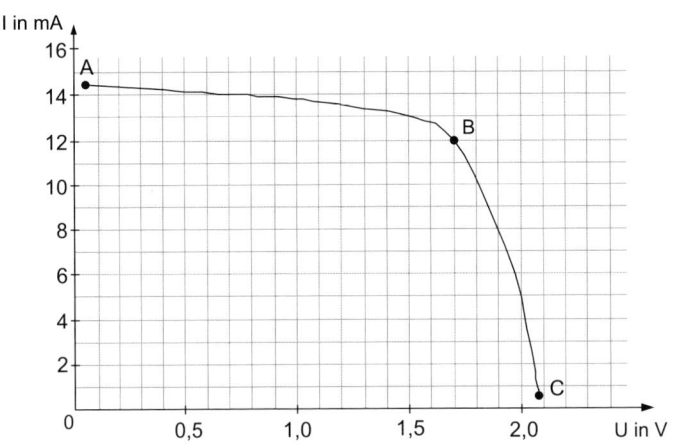

7.3.1 Zeichnen Sie einen Schaltplan der Experimentieranordnung mit einer Solarzelle als Spannungsquelle, den Messgeräten und einem Widerstand. 2

Hinweis: Schaltzeichen der Solarzelle ⊣├─

7.3.2 Entscheiden Sie, in welchem der Punkte A, B oder C der kleinste Widerstand angeschlossen wurde.
Begründen Sie Ihre Entscheidung. 2

7.3.3 Berechnen Sie die elektrische Leistung der Solarzelle im Punkt B. 3

7.3.4 Erläutern Sie, wie man durch Zusammenschaltung von mehreren Solarzellen die Spannung vergrößern kann. 2

Tipps und Hinweise zu den Wahlaufgaben

Tipps zu Aufgabe 5

Teilaufgabe 5.1
- Welche Größen müssen bestimmt werden?
- Welche Geräte sind dazu erforderlich?

Teilaufgabe 5.2.1
- Die Formel zur Berechnung der Periodendauer finden Sie in der Formelsammlung.

Teilaufgabe 5.2.2
- Wie viele Perioden sind bis t_1 dargestellt? Verwenden Sie das Ergebnis von Teilaufgabe 5.2.1.

Teilaufgabe 5.3.1
- Welche Größen beschreiben die Lautstärke und die Tonhöhe?

Teilaufgabe 5.3.2
- Welche Größen ändern sich bei einer gedämpften Schwingung?
- Beschriften Sie die Diagrammachsen.

Teilaufgabe 5.4.1
- Erklären Sie zunächst „Beugung".

Teilaufgabe 5.4.2
- Suchen Sie den Wert für die Schallgeschwindigkeit in der Formelsammlung.
- Wie breitet sich der Schall aus? Suchen Sie die entsprechende Formel in der Formelsammlung.

Tipps zu Aufgabe 6

Teilaufgabe 6.1.1
- Tragen Sie die Spannung auf der x-Achse und die Stromstärke auf der y-Achse ab.

Teilaufgaben 6.1.2
- Welcher Zusammenhang besteht zwischen U und I nach dem ohmschen Gesetz?
- Wie wird dieser Zusammenhang grafisch dargestellt?

Teilaufgabe 6.2
- Hinweise zum Lösen der Teilaufgabe finden Sie in der Formelsammlung.
- Überlegen Sie, welche Arten von Stromkreisen vorliegen.

Teilaufgabe 6.3
- Verwenden Sie die angegebene Formel. Stellen Sie diese nach der gesuchten Größe um und berechnen Sie den Wert.
- Welches Material in der Tabelle entspricht dem berechneten Wert?

Teilaufgabe 6.4
- Welche Schaltungsart liegt bei der Verwendung eines Vorwiderstandes vor?
- Welche Gesetzmäßigkeit gilt für Stromstärke und Spannung bei dieser Schaltungsart?

Tipps zu Aufgabe 7

Teilaufgabe 7.1.2
- Entnehmen Sie die benötigten Werte der Tabelle.
- Was gibt die Dichte an?
- Was gibt der Heizwert an?

Teilaufgabe 7.1.3
- Was wird bei der Verbrennung von Heizöl freigesetzt?

Teilaufgabe 7.2.1
- Welche Arten der Wärmeübertragung gibt es?
- Wie wird die Wärmeübertragung durch alubeschichtete Glaswolle verhindert?

Teilaufgabe 7.2.2
- Die Formel zur Berechnung der Wärme finden Sie in der Formelsammlung.

Teilaufgabe 7.2.3
- Denken Sie an die spezifische Wärmekapazität von Wasser.

Teilaufgabe 7.3.2
- Wie beeinflussen Stromstärke und Spannung den elektrischen Widerstand?

Teilaufgabe 7.3.3
- Die Formel zur Berechnung der elektrischen Leistung finden Sie in der Formelsammlung.

Teilaufgabe 7.3.4
- Die Gesetzmäßigkeiten für Reihen- und Parallelschaltung finden Sie in der Formelsammlung.

Lösungen zu den Wahlaufgaben

Aufgabe 5

5.1 Schülerexperiment

Vorbereitung:

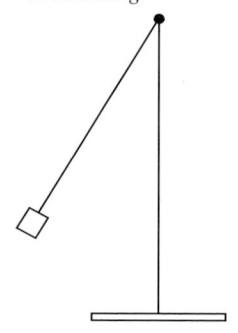

Arbeitsmittel: Pendel mit längenverstellbarer Pendellänge, Stoppuhr

Das Pendel wird um einen festen Winkel ausgelenkt und somit in Schwingung versetzt. Mithilfe einer Stoppuhr wird die Zeit t gemessen, die das Pendel für 10 vollständige Schwingungen benötigt. Danach wird die Pendellänge ℓ schrittweise verändert und das Experiment wiederholt.

Durchführung:
Messwertetabelle

ℓ in cm	t in s	T in s
20	9,0	0,90
40	12,0	1,20
60	15,0	1,50
80	18,2	1,82

Dabei ist ℓ die Pendellänge, t die Zeit für 10 Schwingungen und $T = \frac{t}{10}$ die zugehörige Periodendauer.

Auswertung:

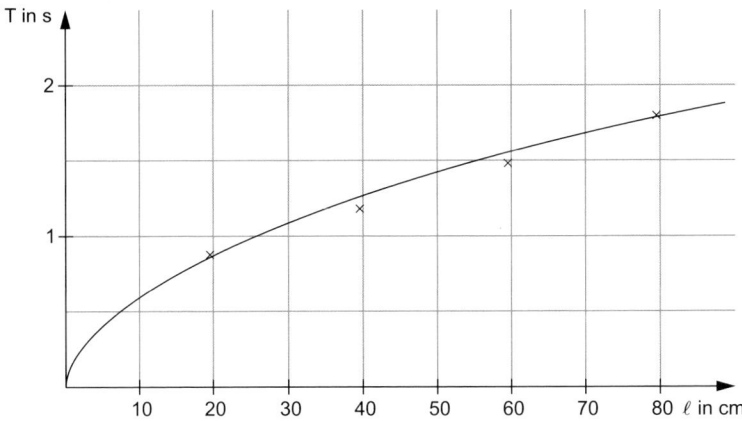

[Diagramm: T in s gegen ℓ in cm, Wurzelkurve durch Messpunkte bei ca. (30; 0,9), (50; 1,2), (70; 1,5), (80; 1,7)]

Ergebnis: Je länger die Pendellänge, desto größer die Periodendauer. Es gilt: $T \sim \sqrt{\ell}$

Mögliche Fehler: Ungenauigkeiten beim Auslenkungswinkel; ungenaue Zeitbestimmung

5.2.1 Für die Periodendauer gilt: $T = \dfrac{1}{f} \Rightarrow T = \dfrac{1}{100\,\text{Hz}}$

$\qquad\qquad\qquad = 0,01\,\text{s}$

5.2.2 Bis zum Zeitpunkt t_1 sind zwei Perioden dargestellt, d. h. $t = 0,02$ s.

5.3.1 Die Amplitude ist ein Maß für die Lautstärke und die Frequenz für die Tonhöhe. Bei einer gedämpften Schwingung ändert sich nur die Amplitude, die Frequenz ändert sich nicht. Die Lautstärke nimmt also ab und die Höhe des Tones ändert sich nicht.

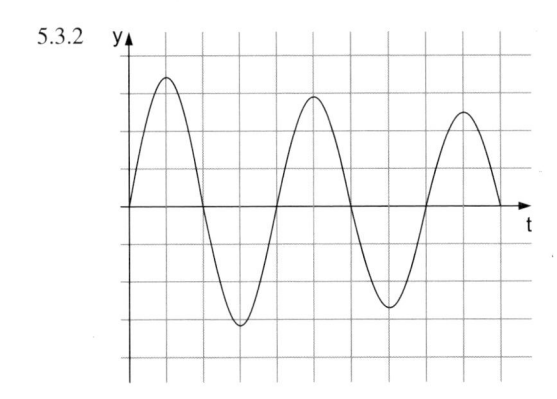

5.3.2 [Diagramm: gedämpfte Schwingung y(t) mit abnehmender Amplitude]

5.4.1 Die Ausbreitung einer Welle hinter einem Hindernis wird als Beugung bezeichnet. Aufgrund dieser Eigenschaft sind Schallwellen zum Beispiel neben einer geöffneten Tür oder einem geöffneten Fenster zu hören.

5.4.2 *Berechnung:*

Ges.: s in m $\qquad$ Geg.: $v = 337\,\frac{m}{s}$

$\qquad\qquad\qquad\qquad\qquad\qquad\quad t = 4\,s$

Lösung:

$s = v \cdot t$

$= 337\,\frac{m}{s} \cdot 4\,s$

$= 1348\,m$

Ergebnis: Die Schallwelle legt in der Zeit von 4 s den doppelten Weg zurück. Deshalb ist der Felsen nur halb so weit entfernt, also 674 m.

Aufgabe 6

6.1.1 Diagramm:

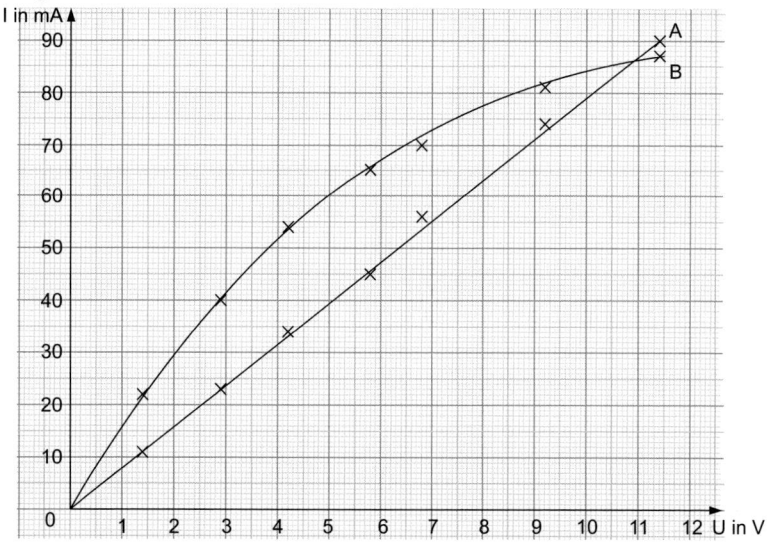

6.1.2 *Entscheidung:*
Nur für Bauelement A gilt das ohmsche Gesetz.

Begründung:
Nach dem ohmschen Gesetz sind Stromstärke und Spannung proportional zueinander. Im Diagramm muss sich deshalb eine Gerade durch den Koordinatenursprung ergeben. Dies ist für Bauelement A der Fall.

6.2.1 Schaltplan:

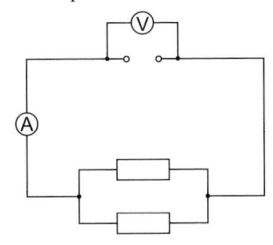

6.2.2 Berechnung:
Ges.: I in mA

Geg.: $R_1 = 100\,\Omega$
$R_2 = 300\,\Omega$
$U = 12\,V$

Lösung:
Für die Stromstärke bei Parallelschaltung gilt: $I = I_1 + I_2$

$I_1 = \dfrac{U}{R_1}$ $\qquad I_2 = \dfrac{U}{R_2}$

$I_1 = \dfrac{12\,V}{100\,\Omega}$ $\qquad I_2 = \dfrac{12\,V}{300\,\Omega}$ $\qquad (1\,\Omega = 1\,\dfrac{V}{A})$

$I_1 = 0{,}12\,A$ $\qquad I_2 = 0{,}04\,A$

$I = I_1 + I_2$
$I = 0{,}12\,A + 0{,}04\,A = 0{,}16\,A = 160\,mA$

Ergebnis: Die gemessene Gesamtstromstärke konnte rechnerisch bestätigt werden.

6.2.3 Berechnung der Größe des Widerstandes:
Ges.: R in Ω

Geg.: $I = 160\,mA = 0{,}16\,A$
$U = 12\,V$

Lösung:

$R = \dfrac{U}{I}$

$= \dfrac{12\,V}{0{,}16\,A}$

$R = 75\,\Omega$

Ergebnis: Für einen Widerstand von 75 Ω ändert sich die Gesamtstromstärke nicht. Wenn ein kleinerer Widerstand eingesetzt wird, dann wird die Gesamtstromstärke größer.

6.3 *Berechnung:*

Ges.: ρ in $\dfrac{\Omega \cdot mm^2}{m}$

Geg.: $\ell = 51\,m$
$A = 0{,}15\,mm^2$
$R = 0{,}170\,k\Omega = 170\,\Omega$

Lösung:

$R = \dfrac{\rho \cdot \ell}{A}$

$\rho = \dfrac{R \cdot A}{\ell}$

$= \dfrac{170\,\Omega \cdot 0{,}15\,mm^2}{51\,m}$

$\rho = 0{,}5 \dfrac{\Omega \cdot mm^2}{m}$

Ergebnis: Der ermittelte Wert entspricht dem spezifischen elektrischen Widerstand von Konstantan.

6.4.1 *Vorteile:*
Bei gleicher Helligkeit ist der Energieverbrauch geringer. Die Lebensdauer von LEDs ist höher.

6.4.2 Die LED wird zerstört.

6.4.3 *Berechnung:*
Ges.: R_V in Ω

Geg.: $U_{LED} = 2{,}2\,V$
$U_{ges} = 6\,V$
$P_{LED} = 1\,W$

Lösung:

$U_{ges} = U_{LED} + U_V$

$U_V = 6\,V - 2{,}2\,V$

$U_V = 3{,}8\,V$

$P_{LED} = U_{LED} \cdot I$

$I = \dfrac{P_{LED}}{U_{LED}}$

$= \dfrac{1\,W}{2{,}2\,V}$

$I = 0{,}45\,A$

$(1\,W = 1\,V \cdot 1\,A)$

$$R_V = \frac{U_V}{I}$$

$$= \frac{3,8 \text{ V}}{0,45 \text{ A}}$$

$$R_V = 8,4 \text{ Ω}$$

Ergebnis: Der Vorwiderstand muss 8,4 Ω betragen.

Aufgabe 7

7.1.1 *Energieumwandlung:*
Chemische Energie wird in thermische Energie umgewandelt.

7.1.2 100 ℓ Heizöl haben eine Masse von 85 kg. Bei einem Heizwert von 43 $\frac{\text{MJ}}{\text{kg}}$ ergibt sich eine Wärme von $85 \cdot 43 \text{ MJ} = 3\,655 \text{ MJ}$

7.1.3 *Erläuterung:*
Bei der Verbrennung von Heizöl wird Kohlendioxid freigesetzt, das wesentlich zum Treibhauseffekt beiträgt. Der Treibhauseffekt ist maßgeblich für die Erderwärmung verantwortlich.

7.1.4 Z. B. Erdgas, Braunkohle

7.2.1 Glänzende Oberflächen verhindern die Wärmestrahlung (Reflexion der Strahlung). Das Isoliermaterial ist ein schlechter Wärmeleiter, deshalb wird die Wärmeabgabe vermindert.

7.2.2 *Berechnung:*

Ges.: Q_{ab} in kJ Geg.: $c = 4{,}19 \, \frac{\text{kJ}}{\text{kg} \cdot \text{K}}$

$m = 20\,000$ kg

$\Delta T = (95 - 30) \text{ K} = 65 \text{ K}$

Lösung:

$Q_{ab} = c \cdot m \cdot \Delta T$

$= 4{,}19 \, \frac{\text{kJ}}{\text{kg} \cdot \text{K}} \cdot 20\,000 \text{ kg} \cdot 65 \text{ K}$

$= 5\,447\,000 \text{ kJ}$

$= 5\,447 \text{ MJ}$

Ergebnis: Durch Abkühlung des Wassers würde eine Wärme von rund 5 400 MJ abgegeben.

7.2.3 Wasser hat eine hohe spezifische Wärmekapazität, d. h., es kann besonders viel Wärme aufnehmen und abgeben.

7.2.4 Die Umwälzpumpe benötigt pro Jahr eine Energie von 8 · 5 000 Wh = 40 kWh
Bei einem Preis von 0,30 € pro kWh betragen die Energiekosten 40 · 0,30 € = 12 €.

7.2.5 Elektrische Energie wird in mechanische Energie umgewandelt.

7.3.1 *Schaltplan:*

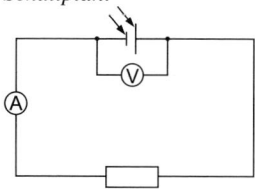

7.3.2 Der kleinste elektrische Widerstand ist im Punkt A vorhanden.
Begründung:
An diesem Punkt ist die Stromstärke am größten und die Spannung am kleinsten.

7.3.3 *Berechnung:*
Ges.: P in W   Geg.: 12 mA = 0,012 A
                                    U = 1,7 V
Lösung:

$P = U \cdot I$
$ = 1,7\,V \cdot 0,012\,A$ $(1\,W = 1\,V \cdot 1\,A)$
$ = 0,0204\,W$

Ergebnis: Die Leistung der Solarzelle im Punkt B beträgt 20,4 mW.

7.3.4 Bei einer Reihenschaltung addieren sich die Einzelspannungen zur Gesamtspannung. Die Solarzellen müssen also in Reihe geschaltet werden, um eine höhere Spannung zu erreichen.

Realschulabschluss 2015 Physik (Sachsen)
Pflichtaufgaben

Aufgabe 1: Elektrizitätslehre BE

Vom Lehrer wird Ihnen ein Experiment mit zwei parallel geschalteten Leuchtdioden (LEDs) vorgeführt. Während des Experiments wird die Spannungsquelle umgepolt.

1.1 Beobachten Sie die LEDs vor und nach dem Umpolen.
Notieren Sie Ihre Beobachtungsergebnisse. 1

1.2 Erklären Sie Ihre Beobachtungen unter Nutzung Ihrer Kenntnisse über Dioden. 2

1.3 Zeichnen Sie unter Verwendung des abgebildeten Schaltzeichens einen Schaltplan der Experimentieranordnung. 2

1.4 Nennen Sie zwei Vorteile des Einsatzes von LEDs anstelle von Glühlampen. 1

Aufgabe 2: Astronomie

Die Bewegungen der Körper des Sonnensystems können mithilfe der Kepler'schen Gesetze und des Gravitationsgesetzes erklärt werden.
Besondere Konstellationen der Himmelskörper und helle Objekte am Himmel faszinieren die Menschen.

2.1 Beschreiben Sie die Bewegung eines Planeten hinsichtlich seiner Bahnform und seiner Geschwindigkeit während des Umlaufs um die Sonne. 2

2.2 Geben Sie an, wie sich die Gravitationskraft zwischen zwei Körpern verändert, wenn
 • der Abstand der Körper vergrößert wird, 1
 • bei gleichem Abstand die Masse eines Körpers vergrößert wird. 1

2.3 Im Jahre 2012 gab es einen sogenannten Venustransit, bei dem die Venus von der Erde aus als kleine dunkle Scheibe vor der Sonne zu sehen war.
Skizzieren Sie die Lage der beteiligten Himmelskörper zu diesem Zeitpunkt. 1

2.4 Beurteilen Sie die oft verwendete Bezeichnung der Venus als Abend- bzw. Morgenstern. 1

Aufgabe 3: Optik

Das Glitzern eines Diamanten wird durch dessen Schliff hervorgerufen. Dieser sorgt dafür, dass ein in den Diamant eintretender Lichtstrahl diesen entgegen der Einfallsrichtung wieder verlässt.
Das Bild zeigt vereinfacht einen solchen Strahlenverlauf.

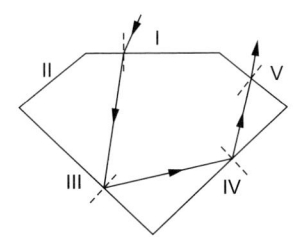

Abbildung nicht maßstäblich

2015-1

3.1 Benennen Sie den Vorgang, der an der Grenzfläche I auftritt. 1

3.2 An den Grenzflächen III und IV tritt Totalreflexion auf. Geben Sie die für das Auftreten dieses Vorgangs notwendigen Bedingungen an. 2

3.3 In einem formgleichen Glasstück trifft ein Lichtstrahl ebenfalls unter dem Einfallswinkel 30° auf die Grenzfläche III. Nennen und begründen Sie die Veränderung des weiteren Strahlenverlaufs im Vergleich zum Diamanten. 2

Aufgabe 4: Mechanik

Ein S-Bahnzug beschleunigt aus dem Stillstand 20 s lang gleichmäßig bis zum Erreichen der Geschwindigkeit 90 $\frac{km}{h}$. Mit konstanter Geschwindigkeit fahrend benötigt er weitere 12 s bis zum Erreichen eines Kontrollpunktes.

4.1 Zeichnen Sie ein v(t)-Diagramm für diesen Vorgang. 3

4.2 Berechnen Sie die im ersten Bewegungsabschnitt wirkende Beschleunigung. 3

4.3 Berechnen Sie den mit konstanter Geschwindigkeit zurückgelegten Weg. 2

Tipps und Hinweise zu den Pflichtaufgaben

Tipps zu Aufgabe 1

Teilaufgabe 1.2
- Beschreiben Sie, wie eine Diode aufgebaut ist.
- Was bewirkt ein positiver bzw. negativer Pol der Spannungsquelle an der jeweiligen Schicht der Diode?

Tipps zu Aufgabe 2

Teilaufgabe 2.1
- Denken Sie an die Kepler'schen Gesetze.

Teilaufgabe 2.2
- Überlegen Sie, ob die Anziehung stärker oder schwächer wird, wenn der Abstand zwischen den beiden Planeten größer wird.
- Denken Sie an das Newton'sche Gravitationsgesetz.

Teilaufgabe 2.4
- Was ist ein Stern?

Tipps zu Aufgabe 3

Teilaufgabe 3.3
- Wie groß ist der Grenzwinkel für die Totalreflexion beim Übergang Glas–Luft? Vergleichen Sie diesen Winkel mit dem Einfallswinkel.

Tipps zu Aufgabe 4

Teilaufgabe 4.1
- Wählen Sie eine geeignete Achseneinteilung. Überlegen Sie, welche die jeweils größten Werte sind.

Teilaufgabe 4.2
- Rechnen Sie die Geschwindigkeit in $\frac{m}{s}$ um.
- Verwenden Sie die Formel für die gleichmäßig beschleunigte Bewegung.

Teilaufgabe 4.3
- Rechnen Sie $\frac{km}{h}$ in $\frac{m}{s}$ um.
- Verwenden Sie die Formel für die gleichförmige Bewegung.

Lösungen zu den Pflichtaufgaben

Aufgabe 1

1.1 *Beobachtung:*
Eine LED leuchtet, die andere nicht.
Nach dem Umpolen bleibt die vorher leuchtende LED dunkel und die andere leuchtet.

1.2 *Erklärung:*
Die LED ist ein Halbleiterbauelement, das eine Durchlass- und eine Sperrrichtung hat, d. h., der Strom wird nur in einer Richtung durchgelassen. Durchlassrichtung: Minuspol der Spannungsquelle an der n-leitenden Schicht.

1.3 *Schaltplan:*
Die obere LED leuchtet bei der angegebenen Polung der Spannungsquelle.

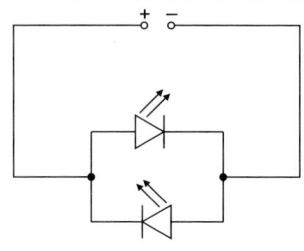

1.4 Die LEDs sind stromsparend und die Lichtausbeute ist größer als bei einer herkömmlichen Glühlampe.

Aufgabe 2

2.1 Die Bahn der Planeten um die Sonne ist eine Ellipse. Die Geschwindigkeit ist abhängig von dem Abstand zur Sonne. In Sonnennähe ist die Geschwindigkeit größer.

2.2 Vergrößert sich der Abstand zwischen zwei Körpern, nimmt die Gravitationskraft ab. Wird bei gleichem Abstand die Masse eines Körpers vergrößert, nimmt die Gravitationskraft zu.
Diese Zusammenhänge werden mit dem Newton'schen Gravitationsgesetz beschrieben.

2.3
Erde   Venus   Sonne

2.4 Venus ist ein Planet und kein Stern. Gemeint ist die Sichtbarkeit des Planeten am Abend- und am Morgenhimmel.

Aufgabe 3

3.1   Das Licht wird gebrochen.

3.2   Das Licht muss von einem optisch dichteren in ein optisch dünneres Medium übergehen.
Der Einfallswinkel muss größer sein als der Grenzwinkel für die Totalreflexion.

3.3   Im Unterschied zum Diamanten wird der Lichtstrahl gebrochen und tritt aus dem Glasstück aus. Der Grenzwinkel der Totalreflexion für den Übergang Glas–Luft ist größer als 30°.

Aufgabe 4

4.1   v(t)-Diagramm:

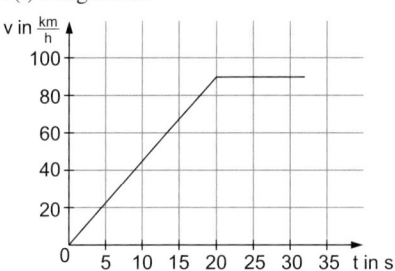

v in $\frac{km}{h}$

(Diagramm: v steigt linear von 0 auf 90 km/h zwischen t = 0 und t = 20 s, danach konstant 90 km/h bis t = 35 s)

4.2   *Berechnung:*
Ges.: a in $\frac{m}{s^2}$ Geg.: $\Delta v = 90 \frac{km}{h} = 25 \frac{m}{s}$
$\Delta t = 20$ s

Lösung:
$a = \frac{\Delta v}{\Delta t}$

$a = \frac{25 \frac{m}{s}}{20 \text{ s}}$

$= 1{,}25 \frac{m}{s^2}$

Ergebnis: Der S-Bahnzug wird mit $1{,}25 \frac{m}{s^2}$ beschleunigt.

4.3   *Berechnung:*
Ges.: s in m   Geg.: $t = 12$ s
$v = 25 \frac{m}{s}$

Lösung:
$s = v \cdot t$

$s = 25 \frac{m}{s} \cdot 12 \text{ s}$

$= 300$ m

Ergebnis: Mit konstanter Geschwindigkeit werden 300 m zurückgelegt.

Realschulabschluss 2015 Physik (Sachsen)
Wahlaufgaben

Von den folgenden Aufgaben 5, 6 und 7 haben Sie nur eine zu lösen.

Aufgabe 5: Thermodynamik BE

5.1 Schülerexperiment
Untersuchen Sie den Zusammenhang zwischen spezifischer Wärmekapazität c eines Stoffes und der erreichten Temperaturdifferenz ΔT bei gleicher Wärmezufuhr. Erwärmen Sie dazu jeweils 100 g Wasser und 100 g Speiseöl über einen Zeitraum von 5 min.
Bearbeiten Sie die Aufgabe entsprechend der Arbeitsschritte beim Experimentieren.
- *Vorbereitung* (zu bestimmende physikalische Größen) 1
- *Durchführung* (Aufbau; Messwerte) 4
- *Auswertung* (Zusammenhang beider Größen; Fehlerbetrachtung) 3

Hinweis: $c_{Wasser} = 4{,}19 \frac{kJ}{kg \cdot K}$; $c_{Speiseöl} = 1{,}97 \frac{kJ}{kg \cdot K}$

5.2 Die nebenstehende Abbildung zeigt das Kühlelement mit Kühllamellen und Lüfter für einen Prozessor in einem PC.

5.2.1 Beschreiben Sie zwei Arten der Wärmeübertragung am Kühlelement. 4

5.2.2 Nennen Sie ein für die Kühllamellen geeignetes Material.
Begründen Sie Ihre Entscheidung. 2

5.2.3 Es gibt Rechenzentren, in denen die entstehende Abwärme der Rechner weiter genutzt wird.
Geben Sie eine solche Nutzungsmöglichkeit an und beurteilen Sie diese. 2

5.3 Für Temperaturmessungen werden Flüssigkeitsthermometer und elektrische Thermometer verwendet.

5.3.1 Erklären Sie die Wirkungsweise eines Flüssigkeitsthermometers. 2

5.3.2 Nennen Sie eine geeignete Thermometerflüssigkeit für Außenthermometer.
Begründen Sie Ihre Entscheidung. 2

5.3.3 Geben Sie einen Vorteil elektrischer Thermometer an. 1

5.4 In Haushalten werden zum Erwärmen von Wasser elektrische Wasserkocher benutzt.

5.4.1 Geben Sie die bei diesen Geräten auftretende Energieumwandlung an. 1

5.4.2 Ein Wasserkocher besitzt die elektrische Leistung 1 400 W. Vom eingefüllten Wasser werden in einer Minute etwa 66 kJ Wärme aufgenommen.
Berechnen Sie den Wirkungsgrad dieses Gerätes. 3

Aufgabe 6: Schwingungen und Wellen

Schwingungen und Wellen sind Grundlage von Zeitmessungen und Informationsübertragungen.

6.1 Für ein Experiment wird ein Fadenpendel mit der Länge 1,0 m und einem Pendelkörper der Masse 50 g verwendet.

6.1.1 Berechnen Sie die Schwingungsdauer dieses Fadenpendels. 3

6.1.2 Wie verändert sich die Schwingungsdauer, wenn die Masse des Pendelkörpers verdoppelt wird? 1

6.1.3 Begründen Sie, dass die Schwingungsdauer dieses Fadenpendels auf dem Mond deutlich größer ist als auf der Erde. 2

6.2 In den beiden Diagrammen sind die Schwingung des Pendels einer Uhr sowie die Schwingung des stündlich ertönenden Gongs dargestellt.

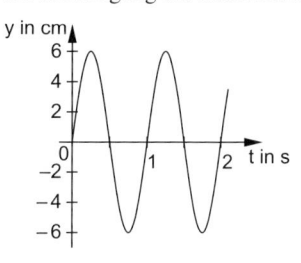

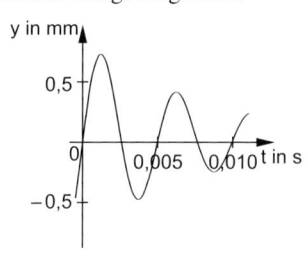

Diagramm 1   Diagramm 2

6.2.1 Ordnen Sie die Diagramme dem „Uhrpendel" bzw. dem „Gong" zu. Begründen Sie Ihre Entscheidung. 2

6.2.2 Geben Sie die Amplitude der im Diagramm 1 dargestellten Schwingung an. 1

6.2.3 Berechnen Sie die Frequenz der im Diagramm 2 dargestellten Schwingung. 3

6.3 In Quarzuhren werden Schwingungen mit der Frequenz 32 768 Hz verwendet.

6.3.1 Geben Sie die Anzahl der Schwingungen pro Sekunde an. 1

6.3.2 Geben Sie die Frequenz in kHz an. 1

6.4 Von der Glocke einer Kirchturmuhr gehen Schallwellen aus, sodass auch in einer 2 km entfernten Gasse das Schlagen der Glocke gehört werden kann.

6.4.1 Berechnen Sie die Zeit, die der Schall für diesen Weg benötigt. 3

6.4.2 Begründen Sie, dass die Glocke in der Gasse auch ohne direkte Sicht zum Kirchturm gehört werden kann. 2

6.5 Funkuhren erhalten ein Signal mithilfe Hertz'scher Wellen mit der Frequenz f = 77,5 kHz, das für Deutschland aus der Nähe von Frankfurt/Main gesendet wird.

6.5.1 Nennen Sie die Ausbreitungseigenschaft Hertz'scher Wellen, die den Empfang des Signals auch im Inneren von Gebäuden ermöglicht. 1

6.5.2 Leipzig ist vom Sender etwa 300 km entfernt.
Begründen Sie, dass die Laufzeit des Signals die Genauigkeit einer Funkuhr in Leipzig kaum beeinflusst. 2

6.5.3 Ordnen Sie mithilfe einer Rechnung das Signal dem entsprechenden Wellenlängenbereich zu. 3

Wellenlängenbereich	Wellenlänge λ
Langwellen	10 000 m … 1 000 m
Mittelwellen	600 m … 150 m
Kurzwellen	50 m … 15 m

Aufgabe 7: Ein Besuch im Leipziger Neuseenland

Im Neuseenland kann heute der Wandel einer Landschaft von riesigen Braunkohletagebauen zu attraktiven Naherholungsgebieten verfolgt werden. Um das noch aktive Braunkohlenkraftwerk Lippendorf sind sieben Seen entstanden.
Das Bild zeigt den 2007 eröffneten Kanupark am Markkleeberger See. Der Wildwasserkanal ermöglicht vielfältige Aktivitäten.

7.1 Die Boote gelangen über ein Förderband vom Zielbecken in das Startbecken. Dabei werden 5,20 m Höhenunterschied überwunden.

7.1.1 Wie nennt man eine solche kraftumformende Einrichtung? 1

7.1.2 Fertigen Sie eine Skizze an. 1
Tragen Sie zwei wirkende Kräfte
ein und benennen Sie diese. 2

(Förderband)

7.2 Nennen Sie Merkmale der Bewegung der Boote auf dem Förderband und durch den Wildwasserkanal vom Start bis ins Ziel. 4

7.3 Für die Wasserströmung sorgen sechs elektrisch betriebene Pumpen mit der Gesamtleistung 2 059 kW. Der Wirkungsgrad der Pumpen beträgt 69 %.

7.3.1 Geben Sie die wesentliche Energieumwandlung in diesen Pumpen an. 1

7.3.2 Erläutern Sie die Angabe zum Wirkungsgrad. 2

7.4 Während der Saison finden auf der 270 m langen Wettkampfstrecke verschiedene Veranstaltungen statt.

7.4.1 Jährlich wird ein Rennen mit selbstgebauten Pappbooten durchgeführt. 2014 benötigte der Sieger für die Wettkampfstrecke 2 Minuten und 1 Sekunde.
Berechnen Sie die Durchschnittsgeschwindigkeit des Siegerbootes in $\frac{m}{s}$. 3

7.4.2 Beim Kanuslalom erreichen die Boote auf der Wettkampfstrecke die Durchschnittsgeschwindigkeit $10 \frac{km}{h}$.
Berechnen Sie die benötigte Zeit. 3

7.4.3 Am 23. 08. 2014 fand im Kanupark ein Nachtrafting statt. Nach dem Abschalten der Beleuchtung war ein faszinierender Sternenhimmel sichtbar.
Bestimmen Sie mithilfe der drehbaren Sternkarte, welcher Stern um 23 Uhr mit dem Azimut 30° und der Höhe 45° sichtbar war.
Wann ist dieser Stern in dieser Nacht untergegangen? 2

7.5 Im Zielbecken steigen die Sportler aus ihrem Boot aus.
Erklären Sie mithilfe eines physikalischen Gesetzes, dass es sinnvoll ist, beim Aussteigen das Boot festzuhalten. 3

7.6 In Sichtweite des Kanuparks befindet sich das Braunkohlenkraftwerk Lippendorf.
Nennen Sie drei wesentliche Aggregate eines solchen Kraftwerks und geben Sie deren Funktion an. 3

Tipps und Hinweise zu den Wahlaufgaben

Tipps zu Aufgabe 5

Teilaufgabe 5.1
- In der Aufgabe ist beschrieben, welche Größen bestimmt werden müssen.
- Welche Geräte sind dazu erforderlich?

Teilaufgabe 5.2.1
- Überlegen Sie, welche Arten der Wärmeübertragung es gibt.
- Welche davon kommen am Kühlelement zur Anwendung?

Teilaufgabe 5.2.2
- Wählen Sie ein Material, das ein guter Wärmeleiter ist.

Teilaufgabe 5.3.1
- Beschreiben Sie, wie ein solches Thermometer funktioniert.
- Welche Eigenschaft von Flüssigkeiten wird ausgenutzt?

Teilaufgabe 5.3.2
- Denken Sie an die auftretenden Temperaturen bei einem Außenthermometer. Wäre gefärbtes Wasser geeignet?

Teilaufgabe 5.4.2
- Berechnen Sie zunächst, welche Wärme der Wasserkocher abgibt.
- Der Wirkungsgrad ist der Quotient von abgegebener Wärme zu aufgenommener Wärme.

Tipps zu Aufgabe 6

Teilaufgabe 6.1.1
- Suchen Sie die Formel für die Schwingungsdauer eines Fadenpendels aus der Formelsammlung heraus.

Teilaufgabe 6.1.2
- Betrachten Sie die Formel für die Schwingungsdauer. Hängt sie von der Masse ab?

Teilaufgabe 6.1.3
- Wie groß ist die Fallbeschleunigung auf der Erde und auf dem Mond?
- Bestimmen Sie den Zusammenhang zwischen Fallbeschleunigung und Schwingungsdauer anhand der Formel aus Aufgabe 6.1.1.

Teilaufgabe 6.2.1
- Betrachten Sie die Amplituden der beiden Schwingungen.
- Bei welchem Beispiel ist die Abnahme der Amplitude erwünscht, bei welchem darf keine Abnahme auftreten?

Teilaufgaben 6.2.2 und 6.2.3
- Die gesuchten Werte können Sie aus dem jeweiligen Diagramm ablesen bzw. berechnen.

Teilaufgabe 6.3
- Überlegen Sie, was die Angabe 1 Hz bedeutet.

Teilaufgabe 6.4.1
- Die Ausbreitungsgeschwindigkeit von Schallwellen ist eine gleichmäßige Bewegung.
- Entnehmen Sie die Formel der Formelsammlung und stellen Sie diese nach t um.
- Den Wert für die Ausbreitungsgeschwindigkeit von Schallwellen finden Sie auch in der Formelsammlung.

Teilaufgabe 6.4.2
- Denken Sie an die Eigenschaften von Schallwellen.

Teilaufgabe 6.5.2
- Mit welcher Geschwindigkeit breiten sich Hertz'sche Wellen aus?
- Überlegen Sie, welche Zeit das Signal für 300 km benötigt.

Teilaufgabe 6.5.3
- Entnehmen Sie die Formel für die Ausbreitungsgeschwindigkeit Hertz'scher Wellen der Formelsammlung und stellen Sie diese nach der gesuchten Wellenlänge um.

Tipps zu Aufgabe 7

Teilaufgabe 7.1.2
- Beachten Sie die Richtung der wirkenden Kräfte.

Teilaufgabe 7.2
- Teilen Sie die gesamte Bewegung des Bootes in verschiedene Abschnitte ein und beschreiben Sie die Bewegung in den einzelnen Abschnitten.

Teilaufgabe 7.3.2
- Wie ist der Wirkungsgrad definiert?

Teilaufgabe 7.4.1
- Die Formel zur Berechnung der Durchschnittsgeschwindigkeit finden Sie in der Formelsammlung.

Teilaufgabe 7.4.2
- Stellen Sie die in Teilaufgabe 7.4.1 verwendete Formel nach der Zeit t um.

Teilaufgabe 7.4.3
- Stellen Sie die drehbare Sternkarte auf das entsprechende Datum und die Uhrzeit ein.

Teilaufgabe 7.5
- Überlegen Sie, warum beim Aussteigen eine Kraft auf das Boot wirkt.
- Das Festhalten des Boots wirkt dieser Kraft entgegen.

Lösungen zu den Wahlaufgaben

Aufgabe 5

5.1 Schülerexperiment

Vorbereitung:
Die Heizplatte muss vorgeheizt werden. Die Anfangstemperatur und die Endtemperatur nach 5 Minuten werden gemessen.

Durchführung:

Wasser

Zeit in min	ϑ in °C
0	19
5	78

Öl

Zeit in min	ϑ in °C
0	21
5	110

Auswertung:
Öl erwärmt sich innerhalb einer bestimmten Zeit schneller. Öl hat die geringere spezifische Wärmekapazität, d. h., es ist weniger Wärme erforderlich, um eine Temperaturänderung um 1 K zu erreichen.

5.2.1 Das Kühlelement ist mit Lamellen und einem Lüfter versehen. An den Lamellen wird durch Wärmeleitung und -strahlung Wärme übertragen, der Lüfter sorgt für eine Wärmeströmung.

5.2.2 Geeignet ist z. B. Aluminium, weil es eine gute Wärmeleitfähigkeit besitzt.

5.2.3 Die Abwärme könnte über eine Wärmepumpe zur Erwärmung von Wasser genutzt werden. Die Rechnerräume müssen gekühlt werden. Dafür ist Energie erforderlich. Die so eingesetzte Energie kann bei der Wassererwärmung genutzt werden.
Vorhandene Energie wird so effektiver genutzt und Energiekosten können verringert werden.

5.3.1 Bei einem Flüssigkeitsthermometer wird die Volumenänderung von Flüssigkeiten bei Temperaturänderung genutzt. Erhöht sich die Temperatur, steigt die Flüssigkeit im Anzeigeröhrchen nach oben. Sinkt die Temperatur, verringert sich das Volumen der Flüssigkeit und die Höhe der Flüssigkeitssäule nimmt ab.

5.3.2 Alkohol ist geeignet. Der Erstarrungspunkt liegt bei rund –100 °C.

5.3.3 Elektrische Thermometer können z. B. an für eine direkte Ablesung schwer zugänglichen Stellen eingesetzt werden.

5.4.1 Elektrische Energie wird in thermische Energie umgewandelt.

5.4.2 *Berechnung der von dem Wasserkocher abgegebenen Wärmeenergie:*
Ges.: Q_{ab} in kJ   Geg.: $t = 1 \text{ min} = 60 \text{ s}$
                                  $P_{th} = 1\,400 \text{ W}$

Lösung:
$Q_{ab} = P_{th} \cdot t$
$Q_{ab} = 1\,400 \text{ W} \cdot 60 \text{ s}$
$\phantom{Q_{ab}} = 84\,000 \text{ Ws}$
$\phantom{Q_{ab}} = 84 \text{ kJ}$

Ergebnis: Der Wasserkocher gibt eine Wärmeenergie von 84 kJ ab.

Berechnung des Wirkungsgrads:
Ges.: η Geg.: $Q_{ab} = 84 \text{ kJ}$
                        $Q_{auf} = 66 \text{ kJ}$

Lösung:
$\eta = \dfrac{Q_{auf}}{Q_{ab}}$

$\eta = \dfrac{66 \text{ kJ}}{84 \text{ kJ}}$

$ = 0,79$

Ergebnis: Der Wirkungsgrad beträgt 79 %.

Aufgabe 6

6.1.1 *Berechnung:*
Ges.: T in s   Geg.: $\ell = 1,0 \text{ m}$
                        $g = 9,81 \dfrac{\text{m}}{\text{s}^2}$

Lösung:
$T = 2\pi \cdot \sqrt{\dfrac{\ell}{g}}$

$T = 2\pi \cdot \sqrt{\dfrac{1,0 \text{ m}}{9,81 \frac{\text{m}}{\text{s}^2}}}$

$ = 2 \text{ s}$

6.1.2 Die Schwingungsdauer ändert sich nicht, sie ist von der Masse unabhängig.

6.1.3 Die Fallbeschleunigung auf dem Mond beträgt nur $\frac{1}{6}$ von der auf der Erde.
Damit vergrößert sich der Wert unter der Wurzel in der Formel für die Schwingungsdauer T (Aufgabe 6.1.1), d. h., die Schwingungsdauer ist auf dem Mond größer.

6.2.1　Uhrpendel: Diagramm 1
Im Diagramm ist eine ungedämpfte Schwingung dargestellt. Eine solche Schwingung muss eine Uhr aufweisen, sonst würde sie stehenbleiben.

Gong: Diagramm 2
Im Diagramm ist eine gedämpfte Schwingung dargestellt. Der Ton des Gongs klingt ab, d. h., er wird leiser.

6.2.2　Amplitude: 6 cm

6.2.3　*Berechnung:*
　　　　Ges.: f in Hz　　　　　　　　Geg.: $T = 0{,}005$ s

　　　　Lösung:
　　　　$f = \dfrac{1}{T}$

　　　　$f = \dfrac{1}{0{,}005 \text{ s}}$ 　　　　($1 \text{ s}^{-1} = 1 \text{ Hz}$)

　　　　$= 200$ Hz

　　　　Ergebnis: Die Frequenz der dargestellten Schwingung beträgt 200 Hz.

6.3.1　32 768 Schwingungen pro Sekunde

6.3.2　32 768 Hz = 32,768 kHz

6.4.1　*Berechnung:*
　　　　Ges.: t in s　　　　　　　　Geg.: $v = 330 \text{ m} \cdot \text{s}^{-1}$
　　　　　　　　　　　　　　　　　　　　　　$s = 2 \text{ km} = 2\,000$ m

　　　　Lösung:
　　　　$s = v \cdot t$

　　　　$t = \dfrac{s}{v}$

　　　　$t = \dfrac{2\,000 \text{ m}}{330 \text{ m} \cdot \text{s}^{-1}}$

　　　　$= 6{,}1$ s

　　　　Ergebnis: Der Schall benötigt rund 6 s.

6.4.2　Schallwellen haben die Eigenschaft, dass sie gebeugt und reflektiert werden können. Deshalb können sie sich auch hinter Hindernissen ausbreiten.

6.5.1　Hertz'sche Wellen können Isolatoren durchdringen.

6.5.2　Hertz'sche Wellen breiten sich mit Lichtgeschwindigkeit aus, d. h. mit 300 000 $\frac{\text{km}}{\text{s}}$. Die 300 km werden also im Bruchteil einer Sekunde zurückgelegt.

6.5.3 *Berechnung:*
Ges.: λ in m Geg.: $c = 3 \cdot 10^8 \text{ m} \cdot \text{s}^{-1}$
 $f = 77{,}5 \cdot 10^3 \cdot \text{s}^{-1}$

Lösung:
$c = \lambda \cdot f$

$\lambda = \dfrac{c}{f}$

$\lambda = \dfrac{3 \cdot 10^8 \text{ m} \cdot \text{s}^{-1}}{77{,}5 \cdot 10^3 \cdot \text{s}^{-1}}$

$= 3\,871 \text{ m}$

Ergebnis: Das Signal gehört zum Langwellenbereich.

Aufgabe 7

7.1.1 Kraftumformende Einrichtung: Geneigte Ebene

7.1.2

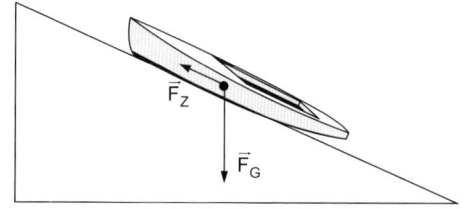

$\vec{F}_Z$: Zugkraft $\vec{F}_G$: Gewichtskraft

7.2 Die Bewegungen der Boote kann man in mehrere Abschnitte einteilen:
- Bewegung auf dem Förderband: Gleichförmige Bewegung mit konstanter Geschwindigkeit
- Bewegung zum Start: Unregelmäßige Bewegung mit veränderlicher Geschwindigkeit
- Bewegung durch den Wildwasserkanal: Beschleunigte Bewegung mit veränderlicher Geschwindigkeit und Beschleunigung

7.3.1 *Energieumwandlung:*
Elektrische Energie in mechanische Energie

7.3.2 Der Wirkungsgrad gibt an, welcher Teil der aufgewandten Energie in nutzbare Energie umgewandelt wird. Bei einem Wirkungsgrad von 69 % sind 31 % der Energie nicht nutzbar.

7.4.1 *Berechnung:*

Ges.: v in $\frac{m}{s}$ Geg.: s = 270 m
                                 t = 121 s

Lösung:

$$v = \frac{s}{t}$$

$$v = \frac{270\,m}{121\,s}$$

$$= 2{,}2\,\frac{m}{s}$$

Ergebnis: Die Durchschnittsgeschwindigkeit beträgt $2{,}2\,\frac{m}{s}$.

7.4.2 *Berechnung:*

Ges.: t in s   Geg.: $v = 10\,\frac{km}{h} = 2{,}8\,\frac{m}{s}$
                           s = 270 m

Lösung:

$$s = v \cdot t \;\Rightarrow\; t = \frac{s}{v}$$

$$t = \frac{270\,m}{2{,}8\,\frac{m}{s}}$$

$$= 96{,}4\,s$$

Ergebnis: Die benötigte Zeit beträgt 96,4 s.

7.4.3 Stern: Atair im Sternbild Adler
Untergang: 4:30 Uhr

7.5 Erklärung mithilfe des dritten Newton'schen Gesetzes „Kraft = Gegenkraft":
Zur Kraft, mit der man sich abstößt, gibt es eine gleich große Gegenkraft in entgegengesetzter Richtung. Das Boot würde sich deshalb in entgegengesetzter Richtung vom Bootssteg wegbewegen.

7.6 Wesentliche Aggregate:
- Dampferzeuger – Verbrennung von Kohle und Erhitzen von Dampf
- Turbine – Umwandlung thermischer Energie des Dampfs in mechanische Energie und Antreiben des Generators
- Generator – Erzeugung elektrischer Energie aus mechanischer Energie

Realschulabschluss 2016 Physik (Sachsen)
Pflichtaufgaben

Aufgabe 1: Mechanik BE

Vom Lehrer wird Ihnen ein Experiment mit einem Massestück vorgeführt.

1.1 Beobachten Sie das Experiment.
Notieren Sie Ihre Beobachtung. 1

1.2 Erklären Sie das Verhalten des Massestücks mithilfe eines physikalischen Gesetzes. 2

1.3 Leiten Sie eine Regel für das sichere Transportieren von Ladungen auf LKWs ab.
Begründen Sie. 2

Aufgabe 2: Astronomie

Der namensgebende Stern unseres Planetensystems ist die Sonne.

2.1 Am 20. 03. 2015 fand in Europa eine Sonnenfinsternis statt.
Beschreiben Sie das Zustandekommen einer Sonnenfinsternis. 2
Geben Sie die Mondphase an, bei der eine Sonnenfinsternis auftreten kann. 1

2.2 Berechnen Sie die Zeit, die das Licht von der Sonne zur Erde benötigt. 2

2.3 Bestimmen Sie mit der drehbaren Sternkarte den Stern, der am 20. 03. um 20:30 Uhr bei einem Azimut 285° gerade am Horizont aufgegangen ist.
Geben Sie dessen Kulminationszeit für diese Nacht an. 2

Aufgabe 3: Optik

Ein 2 cm hoher Gegenstand soll mithilfe einer Sammellinse (f = 3 cm) abgebildet werden. Die Gegenstandsweite beträgt 5 cm.

3.1 Geben Sie eine optische Eigenschaft von Sammellinsen an. 1

3.2 Ermitteln Sie zeichnerisch Größe und Entfernung des Bildes von der Sammellinse. 4

3.3 Nennen Sie ein optisches Gerät mit einer Sammellinse. 1

Aufgabe 4: Kernphysik

Beim Spontanzerfall senden Atomkerne radioaktive Strahlung aus.

4.1 Nennen Sie ein Nachweisgerät für radioaktive Strahlung.
Geben Sie an, welche Eigenschaft der Strahlung dabei genutzt wird. 2

4.2 Geben Sie eine mögliche Schädigung des menschlichen Organismus durch radioaktive Strahlung an. 1

4.3 Nennen Sie zwei Maßnahmen des Strahlenschutzes. 2

4.4 Im Diagramm ist der Zerfall von Plutonium-236 dargestellt.
Bestimmen Sie aus dem Diagramm die Halbwertszeit.
Was bedeutet diese Angabe? 2

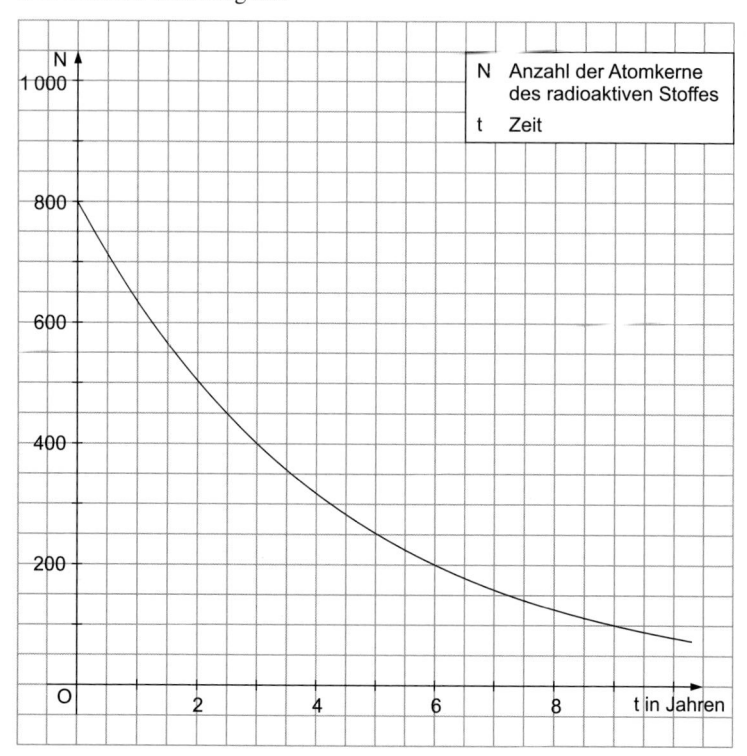

N Anzahl der Atomkerne des radioaktiven Stoffes
t Zeit

Tipps und Hinweise zu den Pflichtaufgaben

Tipps zu Aufgabe 1

Teilaufgabe 1.3
- Beziehen Sie Ihre Antwort zur Aufgabe 1.2 in die Beantwortung dieser Aufgabe ein.

Tipps zu Aufgabe 2

Teilaufgabe 2.1
- Überlegen Sie anhand einer Skizze, wie Sonne, Mond und Erde zueinander stehen müssen, damit die Sonne von der Erde aus nur verdeckt zu sehen ist.

Teilaufgabe 2.2
- Entnehmen Sie die benötigten Größenangaben dem Tafelwerk.

Teilaufgabe 2.3
- Drehen Sie die Scheibe der Sternkarte so lange, bis das angegebene Datum und die Uhrzeit übereinstimmen. Suchen Sie den Azimut $285°$ und lesen Sie den Namen des Sterns ab.
- Drehen Sie die Scheibe der Sternkarte weiter, bis der Stern den Kulminationspunkt (höchsten Punkt) erreicht hat. Lesen Sie für den 20. 03. die zugehörige Zeit ab.

Tipps zu Aufgabe 3

Teilaufgabe 3.2
- Zeichnen Sie maßstabsgetreu. Die Größen sind so angegeben, dass Sie alles in Originalgröße zeichnen können.
- Zeichnen Sie die optische Achse, die Linse in der Hauptebene, die Brennpunkte und den Gegenstand.
- Welche Strahlen werden zur Bildkonstruktion benötigt?
- Bestimmen Sie die benötigten Werte in Ihrer Zeichnung.

Tipps zu Aufgabe 4

Teilaufgabe 4.4
- Betrachten Sie die Abnahme der Anzahl der Atomkerne und die zugehörige Zeit.
- Nach welcher Zeit ist nur noch die Hälfte der Atomkerne vorhanden?

Lösungen zu den Pflichtaufgaben

Aufgabe 1

1.1 *Beobachtung:*
Das Papier wird unter dem Massestück ruckartig herausgezogen. Das Massestück bleibt liegen.

1.2 *Erklärung mithilfe des Trägheitsgesetzes:*
Ein Körper behält seinen Zustand der Ruhe oder der geradlinigen gleichförmigen Bewegung bei, solange keine Kraft auf ihn einwirkt. Durch die ruckartige Bewegung des Papiers verharrt das Massestück aufgrund seiner Trägheit im Ruhezustand.

1.3 Ladungen auf LKWs müssen immer fest verankert werden. Beim Beschleunigen bzw. Bremsen würde sich sonst die Ladung aufgrund ihrer Trägheit in die jeweils entgegengesetzte Richtung bewegen.

Aufgabe 2

2.1 Zu einer Sonnenfinsternis kommt es, wenn sich der Mond – von der Erde aus betrachtet – zwischen Erde und Sonne schiebt. Deckt der Mond die Sonne vollständig ab, so spricht man von einer totalen Sonnenfinsternis. Diese Erscheinung kann nur bei Neumond auftreten.

2.2 *Berechnung:*
Ges.: t in s   Geg.: $s = 149{,}6 \cdot 10^6$ km
$$v = c = 299\,792 \frac{\text{km}}{\text{s}}$$

Lösung:
$s = v \cdot t$

$t = \dfrac{s}{v}$

$= \dfrac{149{,}6 \cdot 10^6 \text{ km}}{299\,792 \frac{\text{km}}{\text{s}}}$

$t = 499$ s

Ergebnis: Die Zeit beträgt ungefähr 500 s.

2.3 Stern: Spika   Kulminationszeit: 1:30 Uhr

Aufgabe 3

3.1 Zum Beispiel: Das Licht wird gebrochen.

3.2

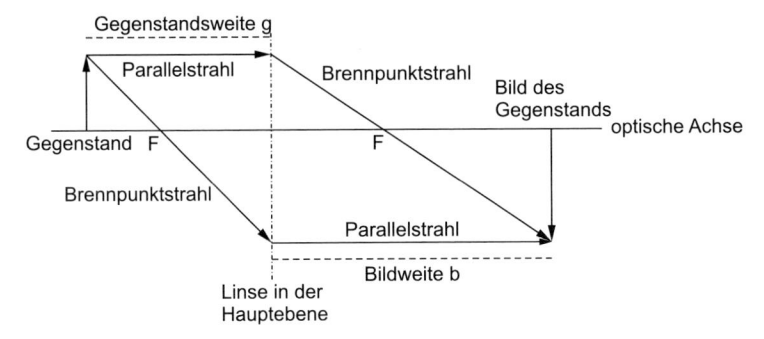

[Zeichnung einer Linsenabbildung mit Parallelstrahl, Brennpunktstrahl, Gegenstand, Bild des Gegenstands, optischer Achse, Linse in der Hauptebene, Gegenstandsweite g, Bildweite b, Brennpunkten F]

Bemerkung: Hier wurde im Maßstab 1:2 gezeichnet.

Aus der Zeichnung ermittelt: Bildgröße: 3 cm, Bildweite: 7,5 cm

3.3 Beispiel: Lupe

Aufgabe 4

4.1 Beispiel für Nachweisgerät: Geiger-Müller-Zählrohr
Die ionisierende Wirkung der Strahlung wird dabei genutzt.

4.2 Ionisierende Strahlung kann Körperzellen schädigen und z. B. Krebserkrankungen und genetische Veränderungen auslösen.

4.3 Atemschutz, um das Einatmen radioaktiven Staubs zu verhindern;
Meterdicke Betonwände in Kernkraftwerken, um das Durchdringen der Strahlung zu verhindern

4.4 Halbwertszeit: 3 Jahre
Die Halbwertszeit gibt die Zeit an, in der die Menge des radioaktiven Stoffes zur Hälfte zerfällt.

Realschulabschluss 2016 Physik (Sachsen)
Wahlaufgaben

Von den folgenden Aufgaben 5, 6 und 7 haben Sie nur eine zu lösen.

Aufgabe 5: Elektrizitätslehre BE

5.1 Schülerexperiment
Weisen Sie experimentell das Gesetz für die elektrische Spannung im unverzweigten Stromkreis mit zwei Widerständen nach.
Bearbeiten Sie die Aufgabe entsprechend der Arbeitsschritte beim Experimentieren:
- *Vorbereitung* (Gesetz formulieren; Schaltplan) 3
- *Durchführung* (Aufbau; Messwerte) 4
- *Auswertung* (Ergebnis; Fehlerbetrachtung) 2

5.2 Bei einem Schwibbogen sind 7 Glühlampen in Reihe geschaltet. Er wird mit 230 V betrieben, dabei beträgt die elektrische Stromstärke 0,091 A.

5.2.1 Eine Lampe ist defekt. Folgende Ersatzglühlampen stehen zur Auswahl.

Lampe	A	B	C	D
Spannung	12 V	23 V	34 V	46 V

Welche Lampe sollte für den Schwibbogen ausgewählt werden? Begründen Sie. 2

5.2.2 Berechnen Sie die elektrische Leistung des Schwibbogens. 2

5.3 Es gibt auch Lichterketten, bei denen die Lampen parallel zueinander geschaltet sind. Die Abbildung zeigt eine Beispielschaltung mit zehn 23-V-Lampen.

5.3.1 Geben Sie einen Vorteil dieser Schaltungsart gegenüber der Reihenschaltung an. 1

5.3.2 Benennen Sie das Bauteil in der Black Box und geben Sie dessen Funktion an. 2

5.4 Eine Gefahrenquelle beim Umgang mit elektrischen Geräten sind Kurzschlüsse durch beschädigte Isolation.
Erläutern Sie die Folgen eines Kurzschlusses
a) ohne Sicherung im Stromkreis,
b) mit Sicherung im Stromkreis. 4

5.5 Leuchtdioden (LEDs) werden oft mit Vorwiderständen betrieben.

5.5.1 Eine rot leuchtende LED (1,8 V / 75 mA) wird mit der Spannung 4,8 V betrieben.
Berechnen Sie den dafür erforderlichen Vorwiderstand. 3

5.5.2 Was ist zu beobachten, wenn ein zu großer Vorwiderstand verwendet wird? Begründen Sie. 2

Aufgabe 6: Thermodynamik

6.1 Eine Thermometerart sind Flüssigkeitsthermometer.

6.1.1 Beschreiben Sie den wesentlichen Aufbau eines solchen Thermometers. 2
Erläutern Sie dessen Funktionsweise. 2

6.1.2 Wasser ist als Thermometerflüssigkeit bei bestimmten Temperaturen nicht geeignet. Begründen Sie. 2

6.1.3 Nennen Sie eine weitere Thermometerart. 1

6.2 Bei Flüssigkeiten führt eine Temperaturänderung zu einer Volumenänderung. Die Volumenänderung lässt sich mit folgender Formel berechnen:

Formel	Größen	Werte
$\Delta V = \gamma \cdot V_0 \cdot \Delta T$	ΔV Volumenänderung γ Volumenausdehnungskoeffizient V_0 Ausgangsvolumen ΔT Temperaturänderung	$\gamma_{Wasser} = 0{,}0002\,\dfrac{1}{K}$ $\gamma_{Benzin} = 0{,}0010\,\dfrac{1}{K}$

6.2.1 Berechnen Sie die Volumenänderung von 12 000 ℓ Benzin in einem Tanklaster, wenn sich die Temperatur von 20 °C auf 40 °C ändert.
Leiten Sie eine Schlussfolgerung für das Befüllen eines Tanklasters ab. 3

6.2.2 Entscheiden Sie, welche Aussage bei gleichem Ausgangsvolumen und gleicher Temperaturänderung richtig ist.
Begründen Sie.
a) Wasser dehnt sich weniger aus als Benzin.
b) Wasser dehnt sich stärker aus als Benzin.
c) Beide Flüssigkeiten dehnen sich gleich stark aus. 2

6.3 Das ϑ(t)-Diagramm beschreibt den Temperaturverlauf eines Körpers bei gleichmäßiger Wärmezufuhr.

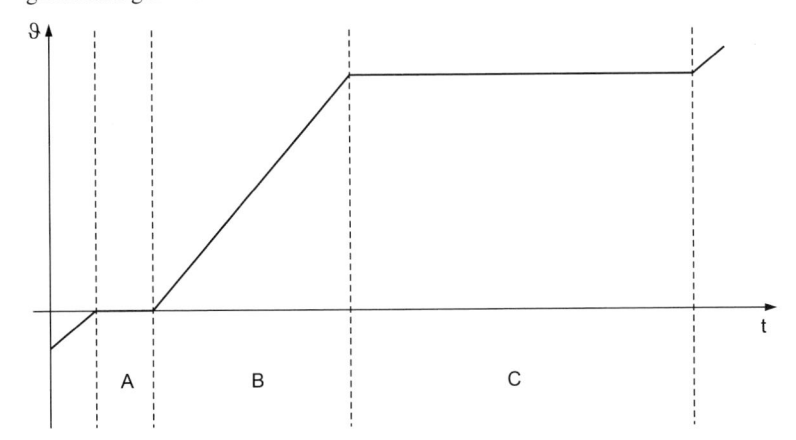

6.3.1 Beschreiben Sie den Temperaturverlauf in den Abschnitten A und B. 2

2016-7

6.3.2 Benennen und beschreiben Sie die physikalischen Vorgänge in den Abschnitten A und C. 4

6.3.3 Vergleichen Sie die in den Abschnitten A und C zugeführte Wärme. Begründen Sie. 2

6.3.4 Der Körper mit der Masse 500 g besteht aus Wasser. Berechnen Sie die zugeführte Wärme im Abschnitt B. 3

6.4 Einige Gärtner streichen im Sommer die Glasflächen ihrer Gewächshäuser weiß. Begründen Sie diese Maßnahme aus physikalischer Sicht. 2

Aufgabe 7: Rund ums Auto

7.1 Im Straßenverkehr sind vorwiegend Fahrzeuge mit Viertakt-Verbrennungsmotoren im Einsatz. Der Wirkungsgrad eines Benzinmotors beträgt 25 %.

7.1.1 Nennen Sie die wesentlichen Energieumwandlungen beim Verbrennungsmotor. 2

7.1.2 Erläutern Sie die Angabe zum Wirkungsgrad eines Benzinmotors. 2

7.1.3 Benennen Sie die vier Takte. 2
Vergleichen Sie die Zündvorgänge für Benzin- und Dieselmotoren. 2

7.2 Eine Million Elektrofahrzeuge mit Gleichstrommotor sollen nach Vorstellung der Bundesregierung im Jahr 2020 auf deutschen Straßen fahren.

7.2.1 Geben Sie einen Grund für dieses Vorhaben an. 1

7.2.2 Benennen Sie zwei wesentliche Bauteile eines Gleichstrommotors. 2

7.3 An einer Unfallstelle kommt ein Fahrzeug nach einer 15 m langen Bremsspur auf trockenem Asphalt (Bremsverzögerung $7{,}5 \frac{m}{s^2}$) nach 2 s zum Stillstand.

7.3.1 Weisen Sie rechnerisch die Bremszeit nach. 2

7.3.2 Berechnen Sie die Geschwindigkeit in $\frac{km}{h}$ zu Beginn des Bremsvorganges. 3

7.3.3 Wie verändert sich die Länge des Bremsweges auf nassem Asphalt? 1
Begründen Sie. 1

7.3.4 Unfälle werden auch durch die Nutzung von Smartphones verursacht. Wer als Fahrer auf das Display sieht, fährt in dieser Zeit ohne Blick auf die Straße. Während der Fahrt mit 100 $\frac{km}{h}$ schaut ein Fahrer 2 s auf das Display. Berechnen Sie den dabei zurückgelegten Weg. 3

7.4 Fahrzeuge im Straßenverkehr sind Lärmquellen. Geben Sie je eine Maßnahme für den Lärmschutz
a) am Entstehungsort,
b) auf dem Ausbreitungsweg und
c) am Standort des Empfängers an. 3
Begründen Sie eine der genannten Maßnahmen mithilfe der Ausbreitungseigenschaften von Schall. 1

Tipps und Hinweise zu den Wahlaufgaben

Tipps zu Aufgabe 5

Teilaufgabe 5.1
- Welche Größen müssen bestimmt werden?
- Welche Geräte sind dazu erforderlich?
- Wie müssen die Messgeräte geschaltet werden?

Teilaufgabe 5.2.1
- Wie groß ist die Spannung an einer Glühlampe?

Teilaufgabe 5.2.2
- Die Formel zur Berechnung der elektrischen Leistung finden Sie im Tafelwerk.

Teilaufgabe 5.3.1
- Überlegen Sie, was passiert, wenn eine Lampe defekt ist.

Teilaufgabe 5.3.2
- Vergleichen Sie anliegende Spannung und Betriebsspannung der Glühlampen.

Teilaufgabe 5.4
- Welche elektrische Größe verändert sich im Stromkreis bei Kurzschluss? Welche Wirkung hat diese Veränderung?

Teilaufgabe 5.5.1 / 5.5.2
- Welche Schaltungsart liegt bei der Verwendung eines Vorwiderstandes vor?
- Welche Gesetzmäßigkeit gilt für Stromstärke und Spannung bei dieser Schaltungsart?

Tipps zu Aufgabe 6

Teilaufgabe 6.1.1
- Für die Beschreibung ist eine Skizze günstig.
- Beachten Sie bei der Erläuterung der Funktionsweise den Zusammenhang zwischen Ursache und Wirkung.

Teilaufgabe 6.1.2
- Denken Sie an Aggregatzustandsänderungen und die zugehörigen Temperaturen für Wasser.

Teilaufgabe 6.2.1
- Entnehmen Sie die benötigte Formel der Tabelle.

Teilaufgabe 6.2.2
- Vergleichen Sie die Volumenausdehnungskoeffizienten für Wasser und Benzin in der Tabelle.

Teilaufgabe 6.3.1
- Wie ändert sich die Temperatur mit der Zeit?

Teilaufgabe 6.3.2 / 6.3.3
- Denken Sie an die Aggregatzustandsänderungen.

Teilaufgabe 6.3.4
◆ Entnehmen Sie die Formel zur Berechnung der Wärme der Formelsammlung.
◆ Achten Sie auf passende Einheiten.

Tipps zu Aufgabe 7

Teilaufgabe 7.1.1
◆ Überlegen Sie, welche Energie zugeführt wird und welche Energieart genutzt wird.

Teilaufgabe 7.1.2
◆ Wie ist der Wirkungsgrad definiert?

Teilaufgabe 7.2.2
◆ Überlegen Sie, wie es zur Drehbewegung des Motors kommt.

Teilaufgabe 7.3.1
◆ Die Formel zur Berechnung des Weges bei einer beschleunigten Bewegung finden Sie in der Formelsammlung.

Teilaufgabe 7.3.2
◆ Für die Berechnung der Geschwindigkeit ist es egal, ob Sie den Bremsvorgang oder den Beschleunigungsvorgang betrachten.
◆ Die benötigte Formel finden Sie in der Formelsammlung.

Teilaufgabe 7.3.4
◆ Die Formel zur Berechnung des zurückgelegten Wegs finden Sie in der Formelsammlung.

Teilaufgabe 7.4
◆ Welche Eigenschaften haben Schallwellen?

Lösungen zu den Wahlaufgaben

Aufgabe 5

5.1 Schülerexperiment

Vorbereitung:
Gesetz: Im unverzweigten Stromkreis gilt für die Spannung: Die Gesamtspannung ist gleich der Summe der Teilspannungen, $U_{ges} = U_1 + U_2$.

Schaltplan:

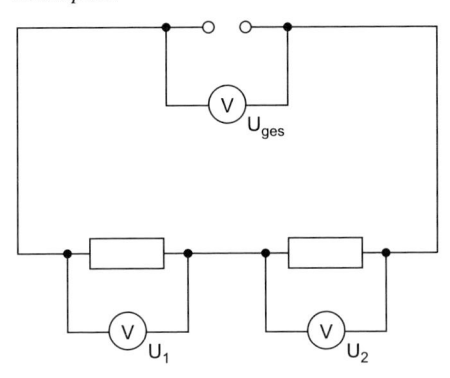

Durchführung:

Messung	U_1 in V	U_2 in V	U_{ges} in V
1	4,1	8,3	12,5
2	3,5	7,0	10,5
3	2,6	5,3	8,0

Auswertung:
Die Gesamtspannung ist die Summe der Teilspannungen. Damit ist das Gesetz für die Spannungen im unverzweigten Stromkreis nachgewiesen. Die geringen Abweichungen sind auf Messfehler zurückzuführen.

5.2.1 Lampe C ist geeignet.

Begründung: Aufgrund der Reihenschaltung liegt an jeder Lampe $\frac{1}{7}$ von 230 V an, das sind rund 33 V.

5.2.2 *Berechnung:*
Ges.: P in W   Geg.: U = 230 V
                              I = 0,091 A

Lösung:
$P = U \cdot I$
$P = 230\,V \cdot 0,091\,A$ $(1\,W = 1\,V \cdot 1\,A)$
$\quad = 20,93\,W$

Ergebnis: Die elektrische Leistung des Schwibbogens beträgt 21 W.

5.3.1 Ist eine Lampe defekt, wird der Stromkreis nicht unterbrochen.

5.3.2 In der Black Box befindet sich ein Transformator. Seine Aufgabe besteht darin, die Spannung von 230 V (Netzspannung) auf die benötigte Betriebsspannung von 23 V herunterzutransformieren.

5.4 Eine Sicherung soll den Stromkreis unterbrechen, wenn die Stromstärke stark ansteigt. Befindet sich keine Sicherung im Stromkreis, kann es zu einer starken Erhitzung kommen oder auch zu einem Kabelbrand.

5.5.1 Vorwiderstand und Leuchtdiode werden in Reihe geschaltet.

Berechnung:
Ges.: R_{Vor} in Ω Geg.: $I = 75$ mA $= 0,075$ A
$$U_{Diode} = 1,8 \text{ V}$$
$$U = 4,8 \text{ V}$$

Lösung:
Berechnung der Spannung am Vorwiderstand:
$$U = U_{Vor} + U_{Diode}$$
$$U_{Vor} = U - U_{Diode}$$
$$= 4,8 \text{ V} - 1,8 \text{ V}$$
$$= 3,0 \text{ V}$$

Berechnung des Widerstandwertes:
$$R_{Vor} = \frac{U_{Vor}}{I}$$
$$= \frac{3,0 \text{ V}}{0,075 \text{ A}}$$
$$= 40 \; \Omega$$

Ergebnis: Der Vorwiderstand muss eine Größe von 40 Ω haben.

5.5.2 Wird der Vorwiderstand zu groß, ist die Spannung an der Diode zu gering, die Diode leuchtet nicht hell.

Begründung: Im unverzweigten Stromkreis ist die Stromstärke überall gleich. Je größer der Widerstand, desto größer ist die Spannung. Die Gesamtspannung ist die Summe der Teilspannungen.

Aufgabe 6

6.1.1 Flüssigkeitsthermometer

Aufbau:

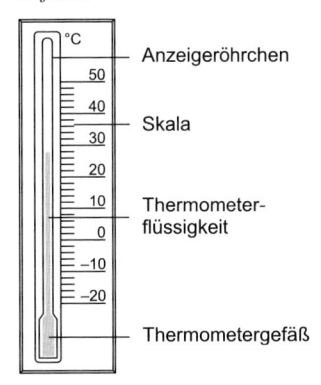

```
°C
50   ─── Anzeigeröhrchen
40
30   ─── Skala
20
10   ─── Thermometer-
 0       flüssigkeit
-10
-20
     ─── Thermometergefäß
```

Als Thermometerflüssigkeit wird z. B. Alkohol verwendet.

Funktionsweise:
Bei einem Flüssigkeitsthermometer wird die Volumenänderung von Flüssigkeiten bei Temperaturänderung genutzt. Erhöht sich die Temperatur, steigt die Flüssigkeit im Anzeigeröhrchen nach oben. Sinkt die Temperatur, verringert sich das Volumen der Flüssigkeit und die Höhe der Flüssigkeitssäule nimmt ab.

6.1.2 Wasser gefriert bei 0 °C und dehnt sich dabei aus. Temperaturen unter 0 °C können deshalb nicht gemessen werden.

6.1.3 Beispiel: Bimetallthermometer

6.2.1 *Berechnung:*
Ges.: ΔV in ℓ Geg.: $V_0 = 12\,000\ \ell$
$\Delta T = (40 - 20)\ K = 20\ K$
$\gamma_{Benzin} = 0,0010\ \dfrac{1}{K}$

Lösung:
$\Delta V = \gamma \cdot V_0 \cdot \Delta T$
$\Delta V = 0,0010\ \dfrac{1}{K} \cdot 12\,000\ \ell \cdot 20\ K$
$= 240\ \ell$

Ergebnis: Die Volumenänderung beträgt 240 ℓ.

Schlussfolgerung: Bei der Füllung des Tanklasters muss Raum für die Ausdehnung gelassen werden. Eine vollständige Befüllung ist gefährlich.

6.2.2 Richtige Aussage: a
Begründung: Der Volumenausdehnungskoeffizient für Benzin ist größer, d. h., bei einem Grad Temperaturerhöhung nimmt das Volumen von Benzin stärker zu.

6.3.1 Abschnitt A: Die Temperatur ändert sich nicht, sie bleibt konstant.
Abschnitt B: Temperatur und Zeit sind zueinander proportional.

6.3.2 Abschnitt A: Schmelzen – Die zugeführte Wärme wird zur Änderung des Aggregatzustandes benötigt.
Abschnitt C: Verdampfen – Die zugeführte Wärme wird zur Änderung des Aggregatzustandes benötigt.
In beiden Abschnitten steigt deshalb die Temperatur nicht an.

6.3.3 Die im Abschnitt C zugeführte Wärme ist größer. Die spezifische Umwandlungswärme für das Verdampfen ist größer.

6.3.4 *Berechnung:*
Ges.: Q in kJ Geg.: $c = 4{,}19 \text{ kJ} \cdot \text{kg}^{-1} \cdot \text{K}^{-1}$
$m = 500 \text{ g} = 0{,}500 \text{ kg}$
$\Delta T = (100 - 0) \text{ K} = 100 \text{ K}$

Lösung:
$Q = c \cdot m \cdot \Delta T$
$= 4{,}19 \text{ kJ} \cdot \text{kg}^{-1} \cdot \text{K}^{-1} \cdot 0{,}5 \text{ kg} \cdot 100 \text{ K}$
$= 209{,}5 \text{ kJ}$

Ergebnis: Die dem Wasser zugeführte Wärme beträgt ungefähr 210 kJ.

6.4 Die weiße Farbe wird zum Schutz vor Wärmestrahlung der Sonne aufgetragen. An der hellen Oberfläche wird die Strahlung reflektiert. Gleichzeitig wird aber die für die Pflanzen benötigte Lichtstrahlung durchgelassen.

Aufgabe 7

7.1.1 Energieumwandlungen: Chemische Energie in thermische Energie; thermische Energie in mechanische (kinetische) Energie

7.1.2 Der Wirkungsgrad gibt an, welcher Teil der zugeführten Energie genutzt werden kann. Beim Benzinmotor werden also 75 % der Energie in nichtnutzbare Energie umgewandelt, z. B. durch Reibung, Abgase.

7.1.3 1. Takt: Ansaugtakt
2. Takt: Verdichtungs- und Zündungstakt
3. Takt: Arbeitstakt
4. Takt: Ausstoßtakt

Beim Ottomotor wird der Zündvorgang durch eine Zündkerze hervorgerufen, beim Dieselmotor entzündet sich das Kraftstoff-Luft-Gemisch beim Einspritzen aufgrund des hohen Drucks im Zylinder.

7.2.1 Mit mehr Elektrofahrzeugen kann die Umweltbelastung verringert werden.
Alternativ: Die Ölreserven sind endlich, deshalb muss nach alternativen Antrieben gesucht werden.

7.2.2 Zwei wesentliche Bauteile: Stator – Feldmagnet; Rotor – Anker

7.3.1 *Berechnung:*
Ges.: t in s   Geg.: $s = 15\,\text{m}$
$$a = 7{,}5\,\frac{\text{m}}{\text{s}^2}$$

Lösung:

$s = \frac{a}{2} \cdot t^2$ $\;|\cdot 2\;$ Umstellen der Formel nach t

$2s = a \cdot t^2$ $\;|:a$

$\frac{2s}{a} = t^2$ $\;|\sqrt{\;}$

$\sqrt{\frac{2s}{a}} = t$

$t = \sqrt{\dfrac{2 \cdot 15\,\text{m}}{7{,}5\,\frac{\text{m}}{\text{s}^2}}}$

$\;\;\; = 2{,}0\,\text{s}$

Ergebnis: Die berechnete Bremszeit stimmt mit der angegebenen überein.

7.3.2 *Berechnung:*
Ges.: v in $\frac{\text{km}}{\text{h}}$ Geg.: $a = 7{,}5\,\frac{\text{m}}{\text{s}^2}$
$$t = 2{,}0\,\text{s}$$

Lösung:
$v = a \cdot t$

$\;\;\; = 7{,}5\,\frac{\text{m}}{\text{s}^2} \cdot 2{,}0\,\text{s}$

$v = 15\,\frac{\text{m}}{\text{s}}$

$v = 15 \cdot 3{,}6\,\frac{\text{km}}{\text{h}}$

$\;\;\; = 54\,\frac{\text{km}}{\text{h}}$

Ergebnis: Das Fahrzeug hatte eine Geschwindigkeit von 54 $\frac{\text{km}}{\text{h}}$.

7.3.3 Der Bremsweg verlängert sich, weil sich die Haftreibung zwischen Reifen und Straße verringert.

7.3.4 *Berechnung:*

Ges.: s in m

Geg.: $v = 100 \frac{km}{h} = 27{,}8 \frac{m}{s}$
$t = 2{,}0 \, s$

Lösung:
$s = v \cdot t$

$s = 27{,}8 \frac{m}{s} \cdot 2{,}0 \, s$
$= 55{,}6 \, m$

Ergebnis: Das Fahrzeug legt in der Zeit einen Weg von rund 60 m zurück.

7.4 Maßnahme für Lärmschutz:
Zu a: Schallschutzdämmung im Fahrzeug
Zu b: Errichtung von Lärmschutzwänden
Zu c: Lärmschutz am Haus, z. B. Schallschutzfenster

Begründung für b: Schallwellen können reflektiert werden. Werden Lärmschutzwände errichtet, so wird der Schall an einer solchen Wand zurückgeworfen und dahinter wird Lärm nur abgeschwächt wahrgenommen.

Realschulabschluss 2017 Physik (Sachsen)
Pflichtaufgaben

Aufgabe 1: Mechanik   BE

Vom Lehrer wird Ihnen ein Experiment mit einer Rolle und Hakenkörpern mit je 100 g Masse demonstriert. Die Masse der Rolle ist vernachlässigbar klein.

1.1 Beobachten Sie den Vorgang und vergleichen Sie Hub- und Zugweg.   1

1.2 Benennen und skizzieren Sie die kraftumformende Einrichtung.   1
Tragen Sie die wirkenden Kräfte in einem geeigneten Maßstab ein.   2
Geben Sie den verwendeten Maßstab an.   1

1.3 Eine Käseglocke dient dem Abdecken von Lebensmitteln. Wird die Kugel (siehe Abbildung) nach unten gezogen, bleibt der Deckel geöffnet.

Erläutern Sie das Prinzip dieser Vorrichtung.   2

Aufgabe 2: Astronomie

Der Mond kann sich im Kernschatten der Erde befinden.

2.1 Ordnen Sie den Buchstaben A, B und C (siehe Abbildung) die Himmelskörper zu.   1

2.2 Welches Ereignis wird hier beschrieben?   1

2.3 Geben Sie die Mondphase an, bei der das beschriebene Ereignis auftritt.   1

2.4 Reflektoren auf der Mondoberfläche werden von der Erde aus mit Laserstrahlen anvisiert. Ein Signal benötigt von der Erde zum Mond und zurück 2,65 s. Berechnen Sie den Abstand des Mondes von der Erde.   3

Aufgabe 3: Schwingungen

Ein Fadenpendel führt gedämpfte Schwingungen aus.

3.1 Entscheiden Sie, welche grafische Darstellung für eine gedämpfte Schwingung zutrifft. Begründen Sie Ihre Entscheidung. 2

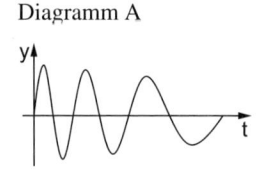

Diagramm A   Diagramm B   Diagramm C

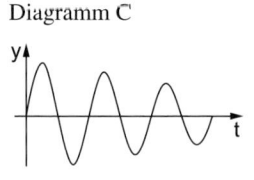

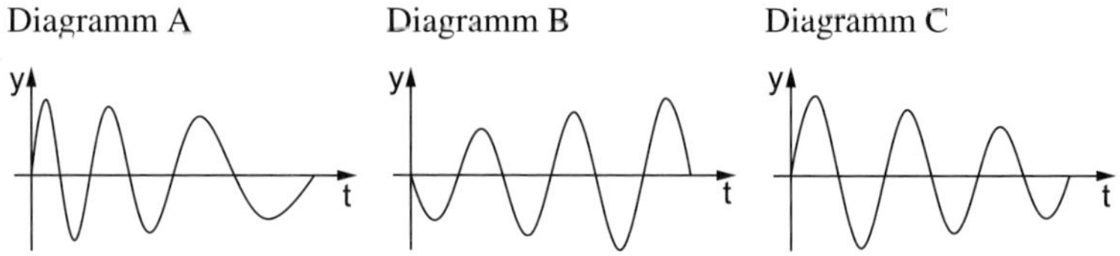

3.2 Geben Sie die auftretenden Energieumwandlungen an. 2
3.3 Berechnen Sie die Periodendauer eines Fadenpendels mit 70 cm Pendellänge. 2

Aufgabe 4: Optik

Um Tageslicht auch in fensterlose Räume zu bringen, können Sonnenlichtkollektoren auf einem Dach verwendet werden. In diesen Kollektoren konzentrieren Linsen das Sonnenlicht. Lichtleiterkabel aus Acrylglas übertragen das Licht ins Gebäude.

4.1 Benennen Sie den Vorgang beim Übergang des Lichtes aus Luft in die Linsen. 1
4.2 Im Lichtleitkabel tritt Totalreflexion auf.
Unter welchen Bedingungen findet dieser Vorgang statt? 2
4.3 Ein Lichtstrahl tritt mit dem Winkel 60° aus dem Lichtleitkabel aus.
Berechnen Sie den zugehörigen Einfallswinkel. 3

Hinweis: $c_{Acrylglas} = 200\ 879\ \frac{km}{s}$

Tipps und Hinweise zu den Pflichtaufgaben

Tipps zu Aufgabe 1

Teilaufgabe 1.3
- Welche kraftumformende Einrichtung wird verwendet?
- Welchen Einfluss hat die kraftumformende Einrichtung auf die wirkenden Kräfte?

Tipps zu Aufgabe 2

Teilaufgabe 2.4
- Entnehmen Sie die benötigten Größenangaben aus dem Tafelwerk.
- Beachten Sie, dass die Zeit für den Hin- und Rückweg gemessen wurde.

Tipps zu Aufgabe 3

Teilaufgabe 3.1
- In welchem Diagramm nimmt nur die Amplitude ab?

Teilaufgabe 3.3
- Entnehmen Sie der Formelsammlung die Formel für die Periodendauer eines Fadenpendels.

Tipps zu Aufgabe 4

Teilaufgabe 4.2
- Überlegen Sie, was für die optischen Dichten der benachbarten Materialien gelten muss.
- Welche Bedingung muss der Einfallswinkel erfüllen?

Teilaufgabe 4.3
- Das Brechungsgesetz finden Sie in der Formelsammlung.

Lösungen zu den Pflichtaufgaben

Aufgabe 1

1.1 *Beobachtung:*
Der Zugweg ist doppelt so groß wie der Hubweg.

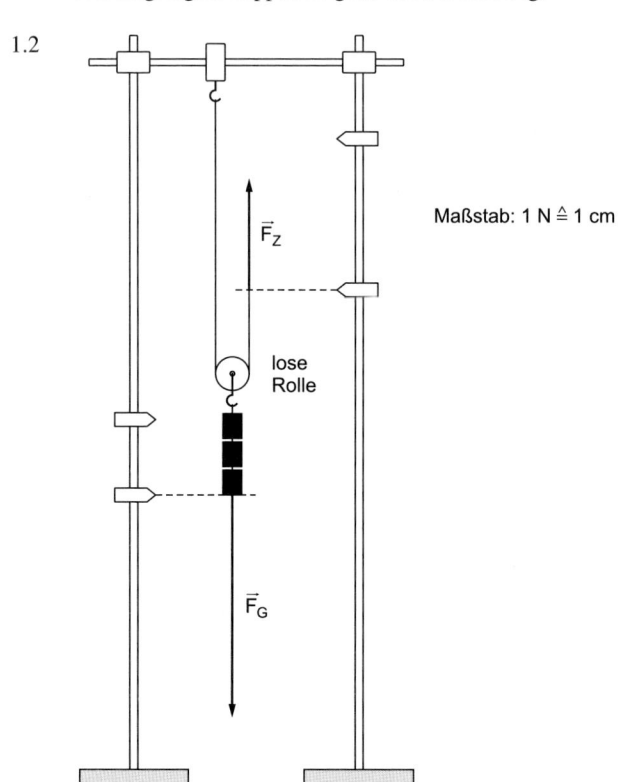

1.2

Maßstab: 1 N ≙ 1 cm

$\vec{F}_Z$

lose Rolle

$\vec{F}_G$

1.3 Kugel und Glocke sind über zwei feste Rollen mit einem Seil verbunden. Bei einer festen Rolle wird nur die Richtung der Kraft geändert. Der Betrag der Kraft ändert sich nicht. Wird die Kugel nach oben (oder nach unten) bewegt, so senkt (oder hebt) sich die Glocke. Es besteht ein Gleichgewicht zwischen Kugel und Glocke.

Aufgabe 2

2.1 A: Sonne   B: Erde   C: Mond

2.2 Mondfinsternis

2.3 Vollmond

2.4 *Berechnung:*
Ges.: s in km Geg.: $2 \cdot t = 2{,}65\,\text{s}$
$t = 1{,}325\,\text{s}$
$v = c = 299\,792\,\dfrac{\text{km}}{\text{s}}$

Lösung:
$s = v \cdot t$
$= 299\,792\,\dfrac{\text{km}}{\text{s}} \cdot 1{,}325\,\text{s}$
$= 397\,224{,}4\,\text{km}$

Ergebnis: Der Abstand beträgt ungefähr 397 000 km.

Aufgabe 3

3.1 *Entscheidung:* Diagramm C
Begründung: Bei einer gedämpften Schwingung nimmt die Amplitude ab, die Schwingungsdauer ist jedoch konstant.

3.2 Energieumwandlungen:
- Potenzielle Energie wird in kinetische Energie umgewandelt (und umgekehrt).
- Mechanische Energie wird durch Luftreibung und Reibung in der Aufhängung in thermische Energie umgewandelt.

3.3 *Berechnung:*
Ges.: T in s Geg.: $\ell = 70\,\text{cm} = 0{,}7\,\text{m}$
$g = 9{,}81\,\dfrac{\text{m}}{\text{s}^2}$

Lösung:
$T = 2\pi \cdot \sqrt{\dfrac{\ell}{g}}$
$= 2\pi \cdot \sqrt{\dfrac{0{,}7\,\text{m}}{9{,}81\,\frac{\text{m}}{\text{s}^2}}}$
$= 1{,}678\,\text{s}$

Ergebnis: Die Periodendauer beträgt ungefähr 1,7 s.

Aufgabe 4

4.1 Brechung

4.2 *Bedingungen:*
- Das Licht muss sich beim Auftreffen auf die Grenzschicht zweier lichtdurchlässiger Medien im optisch dichteren Medium befinden.
- Der Einfallswinkel muss größer als ein bestimmter Winkel (Grenzwinkel) sein.

4.3 *Berechnung:*

Ges.: α 	Geg.: $\beta = 60°$

$$c_{Luft} = 299\,792\,\frac{km}{s}$$

$$c_{Acrylglas} = 200\,879\,\frac{km}{s}$$

Lösung:

$$\frac{\sin\alpha}{\sin\beta} = \frac{c_{Acrylglas}}{c_{Luft}}$$

$$\sin\alpha = \frac{\sin\beta \cdot c_{Acrylglas}}{c_{Luft}}$$

$$\sin\alpha = \frac{\sin 60° \cdot 200\,879\,\frac{km}{s}}{299\,792\,\frac{km}{s}}$$

$$= 0{,}58$$

$$\alpha = 35{,}47°$$

Ergebnis: Der Einfallswinkel beträgt ungefähr $35°$.

Realschulabschluss 2017 Physik (Sachsen)
Wahlaufgaben

Von den folgenden Aufgaben 5, 6 und 7 haben Sie nur eine zu lösen.

Aufgabe 5: Elektrizitätslehre BE

5.1 Schülerexperiment
Untersuchen Sie am unbelasteten Transformator die Gültigkeit des Gesetzes
$$\frac{U_1}{U_2} = \frac{N_1}{N_2}$$
für drei unterschiedliche Verhältnisse der Windungszahlen.
Bearbeiten Sie die Aufgabe entsprechend der Arbeitsschritte beim Experimentieren:
- *Vorbereitung* (Schaltplan; Messwerttabelle) 4
- *Durchführung* (Aufbau; Messwerte) 5
- *Auswertung* (Ergebnis; Fehlerbetrachtung) 3

5.2 Erklären Sie die Wirkungsweise eines Transformators. 3

5.3 An einem Transformator wurden folgende Messwerte ermittelt:
$U_1 = 230$ V, $I_1 = 0,2$ A, $U_2 = 6$ V, $I_2 = 7,5$ A
Berechnen Sie die elektrische Leistung P_1 der Primärspule und die elektrische Leistung P_2 der Sekundärspule.
Berechnen Sie den Wirkungsgrad des Transformators. 5

5.4 Bei der Herstellung von Transformatoren werden isolierte Kupferdrähte als Spulen aufgewickelt. Bei konstanter Temperatur ist der elektrische Widerstand eines Kupferdrahtes abhängig von der Querschnittsfläche A und von der Länge ℓ.

5.4.1 Begründen Sie die Notwendigkeit der Isolierung des Drahtes. 1

5.4.2 Das Diagramm zeigt die Abhängigkeit des elektrischen Widerstandes R von der Querschnittsfläche A bei Kupferdrähten gleicher Länge.
Geben Sie die elektrischen Widerstände für $A_1 = 0,5$ mm² und $A_2 = 2,0$ mm² an. 2

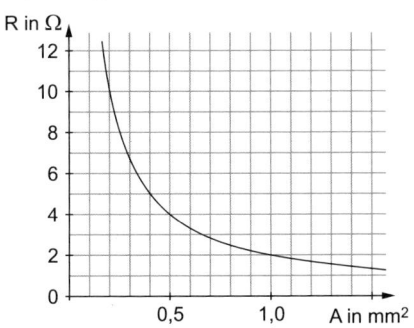

5.4.3 Skizzieren Sie ein $R(\ell)$-Diagramm für Kupferdrähte mit gleicher Querschnittsfläche A. 2

Aufgabe 6: Thermodynamik

6.1 In unserem Alltag wird die Celsiusskala zur Temperaturmessung benutzt. Der Physiker Anders Celsius wählte dafür zwei Festpunkte, denen 0 °C und 100 °C zugeordnet werden.

6.1.1 Geben Sie die physikalische Bedeutung der beiden Festpunkte an.   2

6.1.2 Nennen Sie zwei Bestandteile eines Flüssigkeitsthermometers.   1

6.1.3 Erklären Sie die Wirkungsweise eines Flüssigkeitsthermometers.   2

6.2 Eine weitere Temperaturskala ist die Kelvinskala.

6.2.1 Erklären Sie mithilfe des Teilchenmodells die Bedeutung des absoluten Nullpunktes der Kelvinskala.   2

6.2.2 Geben Sie die niedrigste Temperatur der Kelvinskala in °C an.   1

6.3 Eine Waschmaschine hat die Heizleistung 2 000 W.

6.3.1 Berechnen Sie die für Kochwäsche notwendige Wärme, wenn 8 ℓ Wasser von 18 °C auf 95 °C erwärmt werden sollen.   3

6.3.2 Für die Erwärmung auf 40 °C werden dem Wasser bei einem anderen Waschprogramm 720 kJ Wärme zugeführt.
Berechnen Sie die dafür benötigte Zeit.   3

6.4 Wasser wird in einem Topf mit Deckel erwärmt. Der Temperaturverlauf ist im abgebildeten Diagramm dargestellt.

6.4.1 Beschreiben Sie den Temperaturverlauf bis zur 5. Minute.   2

6.4.2 Beschreiben und begründen Sie den Temperaturverlauf ab der 5. Minute.   2

6.4.3 Bei der Erwärmung bilden sich am Topfdeckel Wassertropfen. Nennen Sie den damit verbundenen physikalischen Vorgang.   1

6.4.4 Wasser wird unter gleichen Bedingungen in einem Topf einmal mit und einmal ohne Deckel erwärmt.
Skizzieren Sie in einem $\vartheta(t)$-Diagramm die zugehörigen Temperaturverläufe.   2

6.5 Wasser hat besondere Eigenschaften.

6.5.1 Erläutern Sie aus physikalischer Sicht die sehr gute Eignung von Wasser als Kühlmittel.   2

6.5.2 Erklären Sie, dass freiliegende Wasserleitungen vor dem Winter entleert werden sollen.   2

Aufgabe 7: Energie, Umwelt, Mensch

7.1 Den Leipziger Hauptbahnhof verlassen täglich Züge in viele Richtungen. So fährt 08:35 Uhr ein ICE nach Frankfurt ab. Planmäßige Ankunft in Frankfurt ist 11:49 Uhr. Zwischen Leipzig und Erfurt fährt er auf einer neuen Bahnstrecke, die für die Höchstgeschwindigkeit 300 $\frac{km}{h}$ ausgelegt ist.

7.1.1 Berechnen Sie die Durchschnittsgeschwindigkeit des ICE auf der insgesamt 373 km langen Strecke.   3

7.1.2 Auf der 95 km langen Neubaustrecke fährt der Zug konstant mit Höchstgeschwindigkeit.
Berechnen Sie die Fahrzeit in Minuten.   3
Geben Sie an, welche der folgenden Diagramme diese Bewegung darstellen.   1

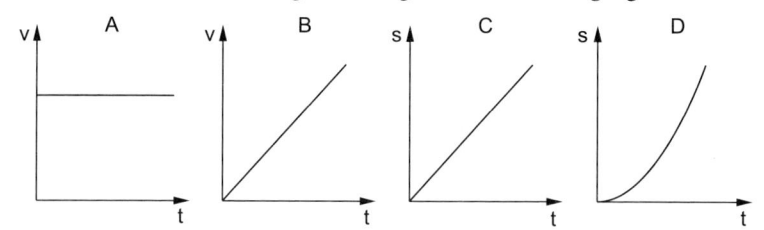

     A   B   C   D

7.1.3 Der Elektroantrieb des ICE verursacht keinerlei Schadstoffausstoß.
Beurteilen Sie diese Aussage.   2

7.2 Der Start eines Flugzeuges ist eine gleichmäßig beschleunigte Bewegung. Dabei entstand folgende Wertetabelle.

Zeit t in s	0	5	10	15	20	25
Geschwindigkeit v in $\frac{m}{s}$	0	16	32	48	A	80
Weg s in m	0	40	160	360	640	B

7.2.1 Geben Sie die fehlenden Werte A und B an.   2
Zeichnen Sie ein zugehöriges s(t)-Diagramm.   3
Ermitteln Sie mithilfe des Diagramms die Zeit bis zum Abheben bei 950 m.   1

7.2.2 Erläutern Sie das Trägheitsgesetz am Beispiel des Flugzeugstarts.   2

7.3 Als Antriebsaggregat in Pkw dienen u. a. Ottomotoren. Diese können mit verschiedenen Kraftstoffarten betrieben werden.
In der folgenden Tabelle sind Eigenschaften von zwei Kraftstoffarten aufgeführt.

Kraftstoffart	Dichte in $\frac{kg}{\ell}$	Energiegehalt in $\frac{MJ}{kg}$
Superbenzin	0,75	47
Biokraftstoff	0,80	27

7.3.1 Berechnen Sie die in 40 Liter Superbenzin gespeicherte chemische Energie.   2

7.3.2 Welche Auswirkung hat das Tanken von Biokraftstoff statt Superbenzin auf die „Reichweite" einer Tankfüllung? Begründen Sie.   2

7.4 Mit der gegebenen Gleichung lässt sich die Leistung P ermitteln, um ein Auto der Masse m in der Zeit t auf die Geschwindigkeit v zu beschleunigen.

$$P = \frac{m \cdot v^2}{t}$$

P   Leistung in W
m   Masse in kg
v   Geschwindigkeit in $\frac{m}{s}$
t   Zeit in s

Für einen Pkw der Masse 1 000 kg gilt die Aussage:
„Von 0 auf 100 $\frac{km}{h}$ in 10 s."

7.4.1 Berechnen Sie die Leistung. 3

7.4.2 Der Pkw soll in der gleichen Zeit die doppelte Geschwindigkeit erreichen. Wie muss die Leistung des Motors geändert werden? 1

Tipps und Hinweise zu den Wahlaufgaben

Tipps zu Aufgabe 5

Teilaufgabe 5.1
- Welche Größen müssen bestimmt werden?
- Welche Geräte sind dazu erforderlich?
- Wie müssen die Messgeräte geschaltet werden?
- Welche Zusammenhänge sind aus den Messwerten zu erkennen?

Teilaufgabe 5.2
- Welche Vorgänge finden in der Primär- und Sekundärspule beim Anlegen einer Wechselspannung statt?

Teilaufgabe 5.3
- Die Formel zur Berechnung des Wirkungsgrades finden Sie im Tafelwerk.

Teilaufgabe 5.4.2
- Der erste Wert kann aus dem Diagramm abgelesen werden.
- Welcher Zusammenhang ist zwischen R und A im Diagramm zu erkennen?

Teilaufgabe 5.4.3
- Welcher Zusammenhang besteht zwischen der Länge eines Drahtes und seinem Widerstand?
- Wie verläuft der zugehörige Graph im Diagramm?

Tipps zu Aufgabe 6

Teilaufgabe 6.1.1
- Denken Sie an die Eigenschaften von Wasser.

Teilaufgabe 6.1.3
- Erklären Sie, welche Eigenschaft von Flüssigkeiten für die Anzeige genutzt wird.

Teilaufgabe 6.2.1
- Welcher Zusammenhang besteht zwischen Teilchenbewegung und Temperatur?

Teilaufgabe 6.3.1
- Eine Formel, die den Zusammenhang zwischen der zugeführten Wärme und der Temperaturänderung beschreibt, finden Sie im Tafelwerk.

Teilaufgabe 6.3.2
- Entnehmen Sie die Formel für den Zusammenhang zwischen Wärme und Leistung der Formelsammlung.
- Achten Sie auf passende Einheiten.

Teilaufgabe 6.4.1 / 6.4.2
- Betrachten Sie den Temperaturverlauf mit zunehmender Zeit.

Teilaufgabe 6.4.2
- Denken Sie an die Aggregatzustandsänderung bei 100 °C.

Teilaufgabe 6.5.1
- Überlegen Sie, welche Bedeutung die spezifische Wärmekapazität von Wasser hat.

Teilaufgabe 6.5.2
- Denken Sie an eine besondere Eigenschaft des Wassers.

Tipps zu Aufgabe 7

Teilaufgabe 7.1.1
- Berechnen Sie zunächst die Fahrtdauer.
- Die Formel für die Durchschnittsgeschwindigkeit finden Sie in der Formelsammlung.

Teilaufgabe 7.1.2
- Stellen Sie die Formel aus Teilaufgabe 7.1.1 nach t um.
- Welche Diagramme passen zu einer gleichförmigen Bewegung?

Teilaufgabe 7.1.3
- Überlegen Sie, wo die Energie für den ICE herkommt.

Teilaufgabe 7.2.1
- Entnehmen Sie der Tabelle, wie sich die Geschwindigkeit bei Verdopplung der Zeit verändert.
- Ermitteln Sie mithilfe der Tabelle, wie sich der Weg ändert, wenn sich die Zeit verdoppelt, verdreifacht etc.
- Suchen Sie in der Formelsammlung eine Formel zur Berechnung des Weges aus Zeit und Geschwindigkeit für eine beschleunigte Bewegung.

Teilaufgabe 7.2.2
- Überlegen Sie, was z. B. mit einer Person passiert, die sich im Flugzeug befindet.

Teilaufgabe 7.3.1
- Berechnen Sie zunächst die Masse von 40 Liter Superbenzin.

Teilaufgabe 7.4.1 / 7.4.2
- Arbeiten Sie mit der angegebenen Formel. Achten Sie auf die Einheiten.

Lösungen zu den Wahlaufgaben

Aufgabe 5

5.1 Schülerexperiment

Vorbereitung:
Schaltplan:

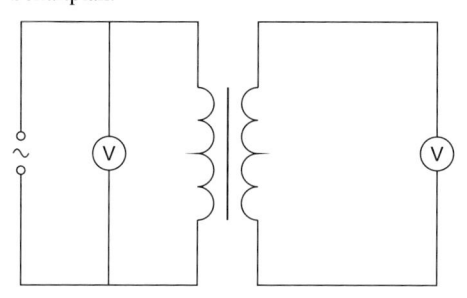

Durchführung:
Messwerttabelle:

N_1	N_2	U_1 in V	U_2 in V	$\frac{N_1}{N_2}$	$\frac{U_1}{U_2}$
250	750	6,1	17,5	0,33	0,35
500	1 000	6,1	12,0	0,5	0,51
750	250	6,2	2,0	3,0	3,1
1 000	500	6,2	2,8	2,0	2,2

Auswertung:
- Beim Vergleich der Verhältnisse der Windungszahlen und der Verhältnisse der entsprechenden Spannungen ist festzustellen, dass sie jeweils annähernd gleich sind. Somit konnte das Gesetz experimentell bestätigt werden.
- Eine Fehlerquelle kann ein nicht exakt geschlossener Eisenkern sein.

5.2 An die Primärspule des Transformators wird eine Wechselspannung angelegt. Das entstehende magnetische Wechselfeld durchdringt die Sekundärspule. Dadurch wird in der Sekundärspule eine Wechselspannung induziert.

5.3 *Berechnung der Leistung der Primärspule:*
Ges.: P_1 in W Geg.: $U_1 = 230$ V
$I_1 = 0,2$ A

Lösung:
$P_1 = U_1 \cdot I_1$
$P_1 = 230 \text{ V} \cdot 0,2 \text{ A}$ $(1 \text{ V} \cdot 1 \text{ A} = 1 \text{ W})$
$ = 46$ W

Ergebnis: Die elektrische Leistung der Primärspule beträgt 46 W.

Berechnung der Leistung der Sekundärspule:
Ges.: P_2 in W Geg.: $U_2 = 6$ V
  $I_2 = 7{,}5$ A

Lösung:
$P_2 = U_2 \cdot I_2$
$P_2 = 6 \text{ V} \cdot 7{,}5 \text{ A}$ $(1 \text{ V} \cdot 1 \text{ A} = 1 \text{ W})$
  $= 45$ W

Ergebnis: Die elektrische Leistung der Sekundärspule beträgt 45 W.

Berechnung des Wirkungsgrades:
Ges.: η Geg.: $P_1 = 46$ W
  $P_2 = 45$ W

Lösung:
$$\eta = \frac{P_2}{P_1}$$
$$\eta = \frac{45 \text{ W}}{46 \text{ W}}$$
  $= 0{,}978$

Ergebnis: Der Wirkungsgrad beträgt ungefähr 98 %.

5.4.1 Zwischen den Drähten würde sonst eine leitende Verbindung bestehen und ein Kurzschluss entstehen.

5.4.2 Aus dem Diagramm abgelesen: $R_1 = 4 \, \Omega$
R und A sind indirekt proportional zueinander. Daraus folgt: $R_2 = 1 \, \Omega$

5.4.3 $R(\ell)$-Diagramm:

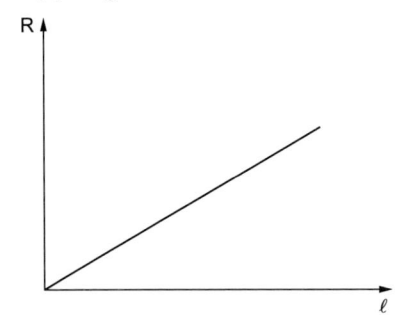

Aufgabe 6

6.1.1 Festpunkt 0 °C: Gefrier- bzw. Schmelzpunkt des Wassers
Festpunkt 100 °C: Siede- bzw. Kondensationspunkt des Wassers

6.1.2 Beispiele: Thermometerflüssigkeit, Skala

6.1.3 *Wirkungsweise:*
Bei einem Flüssigkeitsthermometer wird die Volumenänderung von Flüssigkeiten bei Temperaturänderung genutzt. Erhöht sich die Temperatur, dehnt sich die Flüssigkeit aus und steigt im Anzeigeröhrchen nach oben. Sinkt die Temperatur, verringert sich das Volumen der Flüssigkeit und die Höhe der Flüssigkeitssäule nimmt ab.

6.2.1 Die Temperatur hängt mit der Geschwindigkeit der Teilchen zusammen. Am absoluten Nullpunkt gibt es keine Teilchenbewegung mehr.

6.2.2 $-273{,}15$ °C

6.3.1 *Berechnung:*

Ges.: Q in kJ   Geg.: $c = 4{,}19 \, \dfrac{\text{kJ}}{\text{kg} \cdot \text{K}}$

$m = 8$ kg

$\Delta T = (95 - 18)$ K $= 77$ K

Lösung:
$Q = c \cdot m \cdot \Delta T$

$Q = 4{,}19 \, \dfrac{\text{kJ}}{\text{kg} \cdot \text{K}} \cdot 8 \text{ kg} \cdot 77 \text{ K}$

$= 2\,581{,}04$ kJ

Ergebnis: Die dem Wasser zugeführte Wärme beträgt ungefähr 2 580 kJ.

6.3.2 *Berechnung:*
Ges.: t in min   Geg.: $Q_{zu} = 720$ kJ

$P = 2\,000$ W

Lösung:
$Q_{zu} = P \cdot t$

$t = \dfrac{Q_{zu}}{P}$

$t = \dfrac{720 \text{ kJ}}{2\,000 \text{ W}}$ (1 J = 1 Ws)

$= 360$ s $= 6$ min

Ergebnis: Es werden 6 Minuten für die Wärmezufuhr benötigt.

6.4.1 Innerhalb der ersten Minute steigt die Temperatur langsam an. Danach nimmt die Temperatur stärker und gleichmäßig bis zum Erreichen von 100 °C zu.

6.4.2 Die Temperatur bleibt trotz Wärmezufuhr konstant. Die Wärme wird zur Aggregatzustandsänderung benötigt.

6.4.3 Kondensation

6.4.4 Diagramm:

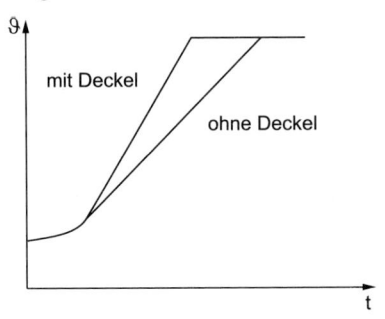

[Diagramm: ϑ über t, zwei Kurven "mit Deckel" und "ohne Deckel"]

6.5.1 Wasser hat eine große spezifische Wärmekapazität, d. h., Wasser kann viel Wärme bei geringer Temperaturänderung aufnehmen.

6.5.2 Wasser dehnt sich beim Erstarren aus (besondere Eigenschaft des Wassers). Eine wassergefüllte Leitung könnte im Winter platzen.

Aufgabe 7

7.1.1 *Berechnung:*

Ges.: v in $\frac{km}{h}$ Geg.: $s = 373$ km
 $t = 194$ min

Lösung:

$$v = \frac{s}{t}$$

$$v = \frac{373 \text{ km}}{194 \text{ min}}$$

$$= 1{,}923 \frac{\text{km}}{\text{min}} = 115{,}4 \frac{\text{km}}{\text{h}}$$

Ergebnis: Die Durchschnittsgeschwindigkeit beträgt ca. $115 \frac{\text{km}}{\text{h}}$.

7.1.2 *Berechnung:*

Ges.: t in min Geg.: $v = 300 \frac{km}{h}$
  $s = 95 \text{ km}$

Lösung:

$v = \frac{s}{t}$

$t = \frac{s}{v}$

$t = \frac{95 \text{ km}}{300 \frac{km}{h}}$

$= 0{,}32 \text{ h} = 19 \text{ min}$

Ergebnis: Die Fahrzeit beträgt 19 Minuten.

Zugehörige Diagramme: A und C

Begründung (nicht verlangt):
Diagramm A passt, da es eine Bewegung mit konstanter Geschwindigkeit veranschaulicht. Diagramm C passt ebenfalls, da es einen direkt proportionalen Zusammenhang zwischen Strecke s und Zeit t zeigt.

7.1.3 Bezieht man in die Überlegungen zum Schadstoffausstoß die Energieerzeugung für den ICE mit ein, so stimmt diese Aussage nicht.

7.2.1 A = 64, B = 1 000

s(t)-Diagramm:

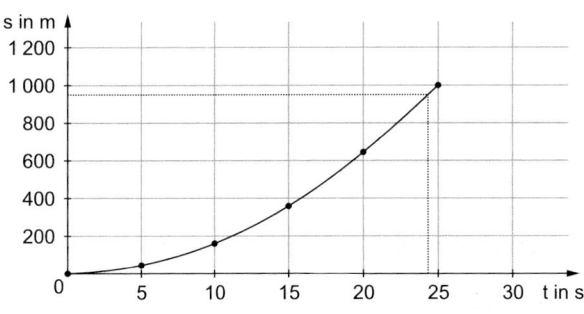

Zeit bis zum Abheben: ungefähr 24 s (siehe gepunktete Linien in der Grafik)

7.2.2 Trägheitsgesetz: Ein Körper behält seinen Zustand der Ruhe oder der geradlinig gleichförmigen Bewegung bei, solange keine Kraft auf ihn einwirkt.
Beim Flugzeugstart wird man in den Sitz gepresst, weil der Körper der Beschleunigung entgegenwirkt, er verhält sich träge.

7.3.1 *Berechnung:*

Ges.: E_{chem} in MJ

Geg.: $\rho = 0{,}75\,\dfrac{kg}{\ell}$

$V = 40\,\ell$

Lösung:

$\rho = \dfrac{m}{V}$

$m = \rho \cdot V$

$m = 0{,}75\,\dfrac{kg}{\ell} \cdot 40\,\ell$

$= 30\,kg$

Energieinhalt: $E_{chem} = 30\,kg \cdot 47\,\dfrac{MJ}{kg} = 1\,410\,MJ$

Ergebnis: Der Energieinhalt beträgt 1 410 MJ.

7.3.2 Die Dichten sind ähnlich, somit passt eine ähnliche Masse an Biokraftstoff in eine Tankfüllung. Die Reichweite verringert sich, weil deutlich weniger chemische Energie in 1 kg Biokraftstoff enthalten ist.

7.4.1 *Berechnung:*

Ges.: P in W

Geg.: $v = 100\,\dfrac{km}{h} = 27{,}8\,\dfrac{m}{s}$

$t = 10\,s$

$m = 1\,000\,kg$

Lösung:

$P = \dfrac{m \cdot v^2}{t}$

$P = \dfrac{1\,000\,kg \cdot 27{,}8^2\,\frac{m^2}{s^2}}{10\,s}$

$= 77\,284\,W$

Ergebnis: Es ist ungefähr eine Leistung von 77 kW erforderlich.

7.4.2 Die Leistung muss vervierfacht werden.

Realschulabschluss 2018 Physik (Sachsen)
Pflichtaufgaben

Aufgabe 1: Thermodynamik BE

Vom Lehrer wird Ihnen ein Experiment vorgeführt.

1.1 Beobachten Sie die Flüssigkeit.
 Notieren Sie Ihre Beobachtung. 1
1.2 Erklären Sie Ihre Beobachtung. 2
1.3 Nennen Sie ein praktisches Beispiel für die Volumenänderung einer Flüssigkeit bei Temperaturänderung. 1
1.4 Viele Brücken besitzen beim Übergang zur Straße eine Dehnungsfuge. Begründen Sie diese Maßnahme aus physikalischer Sicht. 2

Aufgabe 2: Schwingungen und Wellen

Ein Werkstück aus Stahl wird mit Ultraschall auf Materialfehler geprüft. Der Prüfkopf sendet und empfängt Schallwellen mit der Frequenz 4 MHz.

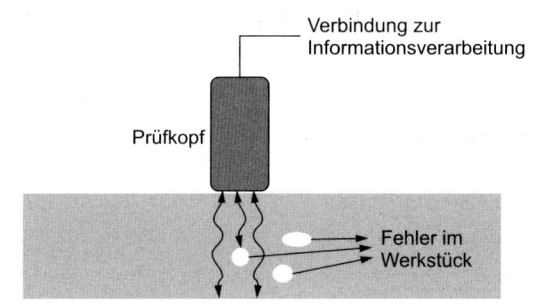

2.1 Nennen Sie eine Eigenschaft mechanischer Wellen, die hier genutzt wird. 1
2.2 Der Prüfkopf empfängt die Schallwelle nach 0,000 009 6 s.
 Berechnen Sie die Entfernung des Materialfehlers von der Oberfläche des Werkstücks. 3
 Hinweis: Die Schallgeschwindigkeit in Stahl beträgt 5 200 $\frac{m}{s}$.
2.3 Geben Sie ein weiteres Beispiel für die Nutzung von Ultraschallwellen an. 1

Aufgabe 3: Bewegungen

Bei der Bewegung eines Fahrzeuges entstand folgendes v(t)-Diagramm.

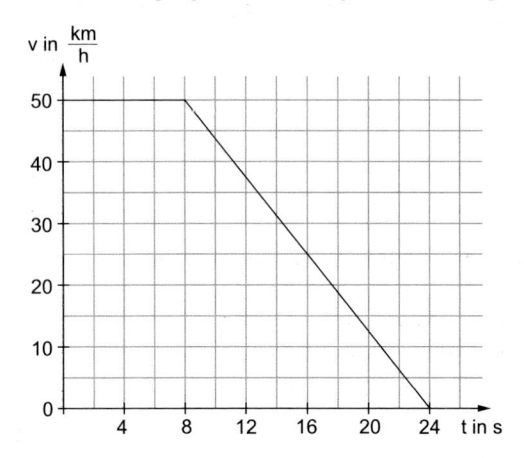

3.1 Beschreiben Sie die Bewegung des Fahrzeuges. 2

3.2 Ermitteln Sie den während der Bewegung zurückgelegten Weg. 4

Aufgabe 4: Elektrizitätslehre

Eine Lampe (6,0 V / 1,2 W) wird mit einem Vorwiderstand an eine 9-V-Spannungsquelle angeschlossen.

4.1 Begründen Sie, dass ein Vorwiderstand notwendig ist. 2

4.2 Zeichnen Sie einen entsprechenden Schaltplan. 2

4.3 Berechnen Sie die Größe des Vorwiderstandes. 4

Tipps und Hinweise zu den Pflichtaufgaben

Tipps zu Aufgabe 1

Teilaufgabe 1.2
- Welchen Einfluss hat die Wärme auf das Volumen eines Gases?

Teilaufgabe 1.4
- Wie verändern sich feste Körper bei Temperaturänderung?

Tipps zu Aufgabe 2

Teilaufgabe 2.1
- Überlegen Sie, wie die Schallwellen zum Prüfkopf zurückkehren.

Teilaufgabe 2.2
- Beachten Sie, dass die Zeit für den Hin- und Rückweg gemessen wurde.

Tipps zu Aufgabe 3

Teilaufgabe 3.1
- Betrachten Sie die Bewegungsabschnitte einzeln.

Teilaufgabe 3.2
- Suchen Sie die Formeln zu einzelnen Bewegungsarten in der Formelsammlung.

Tipps zu Aufgabe 4

Teilaufgabe 4.1/4.2
- Wie wird ein Vorwiderstand zur Lampe geschaltet?
- Welches Gesetz gilt für die Teilspannungen und die Gesamtspannung für diese Schaltungsart?

Teilaufgabe 4.3
- Welcher Zusammenhang besteht zwischen Leistung, Stromstärke und Spannung?
- Die Formel zur Berechnung des Widerstandes finden Sie in der Formelsammlung.

Lösungen zu den Pflichtaufgaben

Aufgabe 1

1.1 *Beobachtung:*
Die Flüssigkeit wird im Röhrchen verschoben.

1.2 Die Wärme der Hände führt zur Erwärmung der Luft im Glaskolben. Dadurch dehnt sich die Luft aus. Das Volumen vergrößert sich und die Flüssigkeit wird verschoben.

1.3 Beispiel: Flüssigkeitsthermometer

1.4 Die Brücken dehnen sich bei Erwärmung aus. Diese Längenänderung wird durch die Dehnungsfuge ausgeglichen. Bei fehlender Dehnungsfuge würde sich die Brückenkonstruktion verbiegen.

Aufgabe 2

2.1 Eigenschaft: Reflexion

2.2 *Berechnung:*
Ges.: s in cm   Geg.: $2 \cdot t = 0{,}000\,009\,6$ s

$t = 0{,}000\,004\,8$ s

$v = 5\,200\,\frac{m}{s}$

Lösung:
$s = v \cdot t$

$s = 5\,200\,\frac{m}{s} \cdot 0{,}000\,004\,8$ s

$ = 0{,}02496$ m

Ergebnis: Der Abstand des Fehlers von der Oberfläche beträgt ungefähr 2,5 cm.

2.3 Beispiel: Ultraschall wird vom Arzt für Untersuchungen im Körperinneren genutzt.

Aufgabe 3

3.1 Von 0 bis 8 s fährt das Fahrzeug mit einer konstanten Geschwindigkeit von $50\,\frac{km}{h}$. Anschließend wird das Fahrzeug innerhalb von 16 s bis zum Stillstand gleichmäßig abgebremst.

3.2 *Berechnung (Abschnitt 1):*
 Ges.: s in m   Geg. (aus dem Diagramm):
                          $t = 8\,s$
                          $v = 50\,\frac{km}{h} = 13{,}9\,\frac{m}{s}$

Lösung:
$s = v \cdot t$
$s = 13{,}9\,\frac{m}{s} \cdot 8\,s$
$= 111{,}2\,m$

Ergebnis: Mit konstanter Geschwindigkeit werden 111,2 m zurückgelegt.

Berechnung (Abschnitt 2):
Ges.: s in m   Geg. (aus dem Diagramm):
                          $t = 16\,s$
                          $v = 50\,\frac{km}{h} = 13{,}9\,\frac{m}{s}$

Lösung:

$s = \frac{a}{2} \cdot t^2$ $\quad v = a \cdot t$ (Die Beschleunigung ist nicht bekannt.)

$\frac{2 \cdot s}{t^2} = a \qquad a = \frac{v}{t}$

$\frac{2 \cdot s}{t^2} = \frac{v}{t}$

$s = \frac{v \cdot t}{2}$

$s = \frac{13{,}9\,\frac{m}{s} \cdot 16\,s}{2}$

$= 111{,}2\,m$

Ergebnis: Während des Abbremsens werden 111,2 m zurückgelegt.

Gesamtergebnis: Während der gesamten Bewegung werden ungefähr 222 m zurückgelegt.

Aufgabe 4

4.1 Die zu hohe Spannung würde die Lampe zerstören. Der Vorwiderstand wird zur Lampe in Reihe geschaltet. Die Spannungen an der Lampe und am Vorwiderstand addieren sich zur Gesamtspannung.

4.2 Schaltplan:

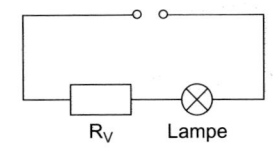

R_V Lampe

4.3 *Berechnung:*
Ges.: R_V in Ω Geg.: $U_L = 6\text{ V}$
$U_{ges} = 9\text{ V}$
$P = 1,2\text{ W}$

Lösung:
Berechnung der Spannung am Vorwiderstand
$U_{ges} = U_L + U_V$
$U_V = U_{ges} - U_L$
$U_V = 9\text{ V} - 6\text{ V}$
$ = 3\text{ V}$

Berechnung der Stromstärke
$P = U_L \cdot I$
$I = \dfrac{P}{U_L}$
$I = \dfrac{1,2\text{ W}}{6\text{ V}}$ $(1\text{ W} = 1\text{ V} \cdot 1\text{ A})$
$ = 0,2\text{ A}$

Berechnung des Vorwiderstands
$R_V = \dfrac{U_V}{I}$
$R_V = \dfrac{3\text{ V}}{0,2\text{ A}}$
$ = 15\ \Omega$

Ergebnis: Der Vorwiderstand muss 15 Ω betragen.

Realschulabschluss 2018 Physik (Sachsen)
Wahlaufgaben

Von den folgenden Aufgaben 5, 6 und 7 haben Sie nur eine zu lösen.

Aufgabe 5: Thermodynamik BE

5.1 Schülerexperiment „Wirkungsgrad"
Bestimmen Sie den Wirkungsgrad einer Experimentieranordnung aus Heizplatte und Becherglas zur Erwärmung von Wasser.
Bearbeiten Sie die Aufgabe entsprechend der Arbeitsschritte beim Experimentieren:
- *Vorbereitung* (zu bestimmende physikalische Größen; notwendige Arbeitsmittel)   2
- *Durchführung* (Aufbau; Messwerte)   3
- *Auswertung* (Berechnungen; Ergebnis; Fehlerbetrachtung)   7

Hinweis: Die Leistung der Heizplatte wird Ihnen mitgeteilt.

5.2 Der von Ihnen in Aufgabe 5.1 ermittelte Wirkungsgrad soll verbessert werden. Geben Sie zwei mögliche Veränderungen Ihrer Experimentieranordnung an.   2

5.3 Aus einem Lehrbuch:

Das Prinzip der Solarthermie

Die Sonne erwärmt die Solarflüssigkeit, eine Mischung aus Wasser und Frostschutzmittel, in den Solarkollektoren. Diese in einem geschlossenen Kreislauf zirkulierende Flüssigkeit gibt Wärmeenergie an das Wasser im wärmeisolierten Speicher ab. Elektrische Pumpen bewegen das erwärmte Wasser durch das Leitungssystem im Haus. Die Wärme kann sowohl für warmes Wasser in Küche und Bad als auch zur Heizungsunterstützung verwendet werden.

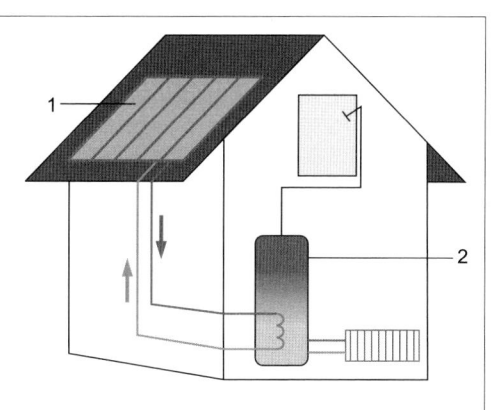

Ein Temperaturfühler misst die Temperatur der Solarflüssigkeit. Es entstand folgende Messreihe:

Uhrzeit	13:00	14:00	15:00	16:00	17:00	18:00	19:00	20:00
ϑ in °C	70,1	67,4	65,2	62,5	60,1	57,4	55,2	53,0

5.3.1 Ordnen Sie den Beschriftungen 1 und 2 entsprechende Teile der Anlage zu.   1

5.3.2 Nennen Sie einen Grund für die Verwendung von Frostschutzmittel in der Solarflüssigkeit.   1

5.3.3 Zur optimalen Nutzung der Sonnenenergie sind Wärmespeicher erforderlich.
       Begründen Sie. 2

5.3.4 Stellen Sie den Temperaturverlauf in einem geeigneten Diagramm dar. 3

5.3.5 Beschreiben Sie den Temperaturverlauf. 1
       Nennen Sie eine mögliche Ursache. 1

5.3.6 Geben Sie zwei Vorteile der Solarthermie an. 2

Aufgabe 6: Elektrizitätslehre

6.1 In einem Experiment wurde bei der konstanten Spannung 10 V für ein elektrisches Bauelement die folgende Messwerttabelle erstellt:

ϑ in °C	20	25	30	40	50	55
I in mA	65	100	155	280	520	660

6.1.1 Zeichnen Sie ein zugehöriges $I(\vartheta)$-Diagramm. 3

6.1.2 Berechnen Sie jeweils den elektrischen Widerstand bei 20 °C und bei 50 °C. 3

6.1.3 Geben Sie den Zusammenhang zwischen Temperatur und Widerstand an. 1

6.1.4 Nennen Sie ein mögliches verwendetes Bauelement. 1

6.2 Generatoren wandeln mechanische Energie in elektrische Energie um.

6.2.1 Beschreiben Sie den prinzipiellen Aufbau eines Generators. 3

6.2.2 Erklären Sie die Wirkungsweise eines Generators. 3

6.3 Die Spannung 230 V soll auf 5 V transformiert werden. Für den Transformator stehen Spulen mit folgenden Windungszahlen zur Verfügung:

200	690	1 000	9 200

6.3.1 Geben Sie geeignete Windungszahlen für Primär- und Sekundärspule an. 1
       Begründen Sie Ihre Entscheidung. 2

6.3.2 Nennen Sie die zu verwendende Spannungsart. 1

6.3.3 Ein Transformator hat den Wirkungsgrad 98 %.
       Erläutern Sie diese Aussage. 2

6.4 Sperr- und Durchlassrichtung einer Halbleiterdiode sollen experimentell ermittelt werden.

6.4.1 Zeichnen Sie einen geeigneten Schaltplan. 2
       Beschreiben Sie die Durchführung des Experiments. 2

6.4.2 Geben Sie eine Anwendung von Halbleiterdioden an. 1

Aufgabe 7: Astronomie und Raumfahrt

7.1 Vor 40 Jahren flog Sigmund Jähn als erster Deutscher ins Weltall. Er verbrachte 6 Tage in der Orbitalstation „Salut 6".

7.1.1 Der Startvorgang einer Rakete kann mit folgendem v(t)-Diagramm dargestellt werden.
Beschreiben Sie den Geschwindigkeitsverlauf. 2

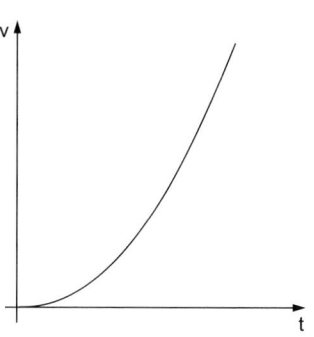

7.1.2 Die Orbitalstation umkreiste die Erde in 250 km Höhe und benötigte für eine Erdumrundung 90 Minuten.
Berechnen Sie die Geschwindigkeit von „Salut 6". 4
Hinweis: Der Erdradius beträgt 6 370 km.

7.1.3 Um auf die Erde zurückzukommen, benutzte Sigmund Jähn eine Landekapsel mit einem Hitzeschild.
Begründen Sie die Notwendigkeit des Hitzeschildes. 2

7.2 Am 27. 07. 2018 findet die längste totale Mondfinsternis des 21. Jahrhunderts statt.

7.2.1 Beschreiben Sie die Entstehung einer totalen Mondfinsternis. 2
Gehen Sie dabei auch auf die Mondphase ein. 1

7.2.2 Skizzieren und benennen Sie die Mondphase, in der sich der Mond eine Woche später befindet. 2

7.3 Die Raumsonde „Cassini" startete im Oktober 1997 zum Saturn. Nach Erreichen der Umlaufbahn 2004 umkreiste sie ihn 13 Jahre. Dabei wurden auch sieben bisher unbekannte Monde entdeckt.

7.3.1 Ordnen Sie Saturn bezüglich seines Aufbaus und seiner Position in die Planeten unseres Sonnensystems ein. 2

7.3.2 Geben Sie ein Merkmal von Monden an. 1

7.3.3 Im Sommer 2015 befand sich Saturn im Sternbild Skorpion, dessen hellster Stern Antares ist.
Geben Sie für den 20. 06. die Höhe von Antares bei der Kulmination an. 1
Bestimmen Sie die Untergangszeit von Antares in dieser Nacht. 1

7.4 Im Jahr 1977 startete die Raumsonde „Voyager 2" von der Erde ins All und hat inzwischen unser Sonnensystem verlassen. Zurzeit ist „Voyager 2" ca. 18 Milliarden Kilometer von der Erde entfernt und sendet nach wie vor Informationen zur Erde.

7.4.1 Geben Sie an, mit welcher Art von Wellen die Informationen übertragen werden. 1

7.4.2 Ein Signal benötigt gegenwärtig ca. 17 Stunden von der Raumsonde zur Erde. Weisen Sie dies durch Rechnung nach. 3

7.4.3 Die Sonde bewegt sich mit der Geschwindigkeit 54 000 $\frac{km}{h}$.
Berechnen Sie den Weg, den die Sonde in einem Jahr zurücklegt. 3

Tipps und Hinweise zu den Wahlaufgaben

Tipps zu Aufgabe 5

Teilaufgabe 5.1
- Welche Größen müssen bestimmt werden?
- Welche Geräte sind dazu erforderlich?
- Wie kann der Wirkungsgrad berechnet werden?

Teilaufgabe 5.2
- Wie kann man Wärmeverluste verhindern?

Teilaufgabe 5.3.4
- Achten Sie auf eine sinnvolle Einteilung und korrekte Beschriftung der Diagrammachsen.

Tipps zu Aufgabe 6

Teilaufgabe 6.1.1
- Wählen Sie eine geeignete Achseneinteilung.

Teilaufgabe 6.1.2
- Entnehmen Sie die Formel für den elektrischen Widerstand der Formelsammlung.
- Entnehmen Sie die zu den angegebenen Temperaturen gehörigen Stromstärken der Tabelle.

Teilaufgabe 6.1.3
- Vergleichen Sie die berechneten Widerstandswerte von Teilaufgabe 6.1.2.

Teilaufgabe 6.2.2
- Überlegen Sie, welche Funktionen die einzelnen Bauteile haben.

Teilaufgabe 6.3.1
- Welcher Zusammenhang besteht zwischen dem Verhältnis der Spannungen und dem Verhältnis der Windungszahlen?

Teilaufgabe 6.3.2
- Funktioniert der Transformator mit Wechsel- oder Gleichspannung?

Teilaufgabe 6.4.1
- Die entsprechenden Schaltzeichen finden Sie in der Formelsammlung.

Tipps zu Aufgabe 7

Teilaufgabe 7.1.1
- Wie verändert sich die Geschwindigkeit mit zunehmender Zeit?

Teilaufgabe 7.1.2
- Welche Bewegungsart führt die Orbitalstation aus?
- Die entsprechende Formel finden Sie in der Formelsammlung.
- Achten Sie auf die richtigen Einheiten.

Teilaufgabe 7.2.1
- Wie stehen Sonne, Erde und Mond zueinander?

Teilaufgabe 7.2.2
- Der Mond nimmt ab.
- Ein Mondzyklus dauert insgesamt ca. 4 Wochen.

Teilaufgabe 7.3.3
- Die Werte lesen Sie auf der drehbaren Sternkarte ab.
- Zur Bestimmung der Höhe bei der Kulmination legen Sie die Nord-Süd-Achse durch den Stern.

Teilaufgabe 7.4.2/7.4.3
- Gehen Sie jeweils von einer konstanten Geschwindigkeit aus.
- Entnehmen Sie die benötigten Formeln der Formelsammlung.
- Achten Sie darauf, dass die Einheiten zueinander passen.

Lösungen zu den Wahlaufgaben

Aufgabe 5

5.1 Schülerexperiment

Vorüberlegung:
Um den Wirkungsgrad zu ermitteln, müssen die Wärmeabgabe der Heizplatte und die Wärmeaufnahme durch das Wasser bestimmt werden.

Vorbereitung:
Die Heizplatte muss vorgeheizt werden.
Vom Lehrer wird mitgeteilt: Die Leistung der Heizplatte beträgt 150 W.

Durchführung:
Messwerttabelle:

t in s	0	30	60	90	120	150	180	210	240	270	300
ϑ in °C	21	24	29	34	38	43	48	53	58	62	66

Auswertung:
Berechnung: Wärmeabgabe Heizplatte
Ges.: Q_{ab} in kJ   Geg.: t = 5 min = 300 s
                                    P_{th} = 150 W

Lösung:
$Q_{ab} = P_{th} \cdot t$
$Q_{ab} = 150 \text{ W} \cdot 300 \text{ s}$
      = 45 000 Ws
      = 45 kJ

Ergebnis: Die Heizplatte gibt in 5 Minuten eine Energie von 45 kJ ab.

Berechnung: Wärmeaufnahme Wasser
Ges.: Q_{auf} in kJ   Geg.: $c = 4{,}19 \dfrac{\text{kJ}}{\text{kg} \cdot \text{K}}$

                                     m = 0,1 kg
                                     $\Delta\vartheta = (66 - 21) \text{ K} = 45 \text{ K}$

Lösung:
$Q_{auf} = c \cdot m \cdot \Delta\vartheta$

$Q_{auf} = 4{,}19 \dfrac{\text{kJ}}{\text{kg} \cdot \text{K}} \cdot 0{,}1 \text{ kg} \cdot 45 \text{ K}$

     = 18,855 kJ

Ergebnis: Vom Wasser wird eine Energie von etwa 19 kJ aufgenommen.

Berechnung: Wirkungsgrad
Ges.: η Geg.: Q_{ab} = 45 kJ
                                     Q_{auf} = 19 kJ

Lösung:

$$\eta = \frac{Q_{auf}}{Q_{ab}}$$

$$\eta = \frac{19 \text{ kJ}}{45 \text{ kJ}}$$

$$= 0{,}42$$

Ergebnis: Der Wirkungsgrad beträgt 42 %.

Fehlerbetrachtung: z. B. Wasser nicht gerührt; Temperaturmessung nicht immer an derselben Stelle im Wasser; Position des Becherglases nicht in der Mitte der Heizplatte

5.2 Die Wärmeabgabe des Becherglases an die Umgebung muss verhindert bzw. eingeschränkt werden. Dazu könnte man das Becherglas in ein etwas größeres Gefäß stellen. Das Glas könnte außerdem abgedeckt werden.

5.3.1 Zuordnungen: 1 – Solarkollektoren; 2 – Speicher

5.3.2 Ohne Frostschutzmittel würde die Anlage im Winter einfrieren.

5.3.3 Die Energie wird unabhängig von der Tageszeit benötigt, also auch, wenn die Sonne nicht scheint. Gäbe es keinen Speicher, könnte das erwärmte Wasser nur in kurzen Zeiträumen genutzt werden.

5.3.4 Diagramm:

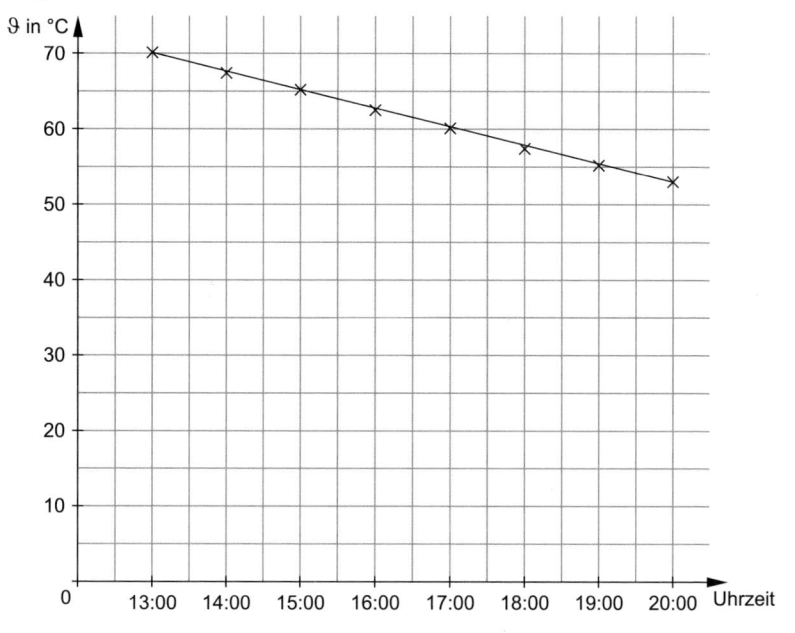

5.3.5 Die Temperatur nimmt von 13 Uhr bis 20 Uhr gleichmäßig ab.
Ursache:
Die Sonneneinstrahlung nimmt ab.

5.3.6 Vorteile:
- Die Nutzung der Sonnenenergie ist umweltfreundlich.
- Kosten für die Erzeugung von Warmwasser können reduziert werden.

Aufgabe 6

6.1.1 $I(\vartheta)$-Diagramm:

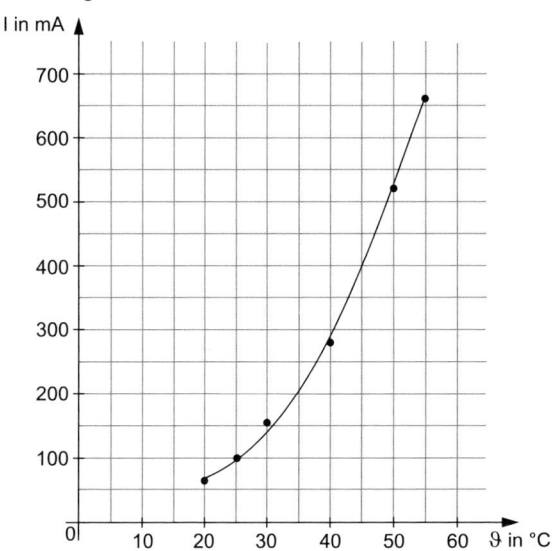

6.1.2 *Berechnung:*
Ges.: R_1 in Ω
R_2 in Ω

Geg.: $U = 10$ V
$I_1 = 65$ mA $= 0,065$ A
$I_2 = 520$ mA $= 0,52$ A

Lösung:

$$R = \frac{U}{I}$$

$$R_1 = \frac{10\text{ V}}{0,065\text{ A}}$$
$\approx 154\ \Omega$

$$R_2 = \frac{10\text{ V}}{0,52\text{ A}}$$
$\approx 19\ \Omega$

Ergebnis: Bei 20 °C beträgt der Widerstand 154 Ω und bei 50 °C beträgt er 19 Ω.

6.1.3 Je höher die Temperatur, desto geringer der Widerstand.

6.1.4 Ein mögliches verwendetes Bauelement ist ein Halbleiterbauelement, da dessen Widerstand mit zunehmender Temperatur abnimmt.

6.2.1 Der Generator besteht aus folgenden wesentlichen Teilen: Induktionsspulen (Stator), Feldmagnet (Rotor mit Spulen), Schleifringe

Skizze (nicht verlangt):

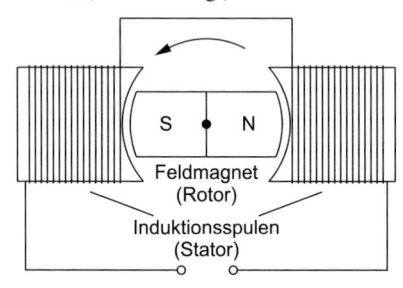

6.2.2 *Wirkungsweise:*
Über Schleifringe wird den Rotorspulen Gleichstrom zugeführt. In den Spulen wird ein Magnetfeld aufgebaut. Rotiert der Elektromagnet, wird in den feststehenden Statorspulen eine Wechselspannung induziert. Anstelle des Elektromagneten kann auch ein Dauermagnet eingesetzt werden.

6.3.1 Für einen unbelasteten Transformator gilt:

$$\frac{U_P}{U_S} = \frac{N_P}{N_S}$$

Die Spannung wird heruntertransformiert, deshalb muss die Windungszahl der Sekundärspule kleiner sein.
Bei einer Windungszahl von 9 200 für die Primärspule und einer Windungszahl von 200 für die Sekundärspule verhalten sich die Spannungen wie die Windungszahlen.

$$\frac{230\ V}{5\ V} = \frac{9\ 200}{200}$$

6.3.2 Wechselspannung

6.3.3 Der Wirkungsgrad gibt das Verhältnis von nutzbarer zu aufgewandter Energie an. Bei einem Wirkungsgrad von 98 % betragen die Energieverluste 2 %. Bei einem Transformator wird ein Teil der elektrischen Energie in thermische Energie umgewandelt (Erwärmung der Spulen, Wirbelströme).

6.4.1 Schaltplan:

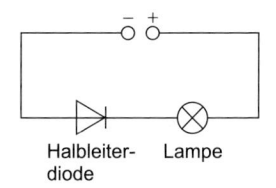

```
    ─○ ─○+─
  │          │
  │─▷├──⊗───│
  Halbleiter- Lampe
  diode
```

Eine Halbleiterdiode wird mit einer Glühlampe in Reihe geschaltet und mit einer Gleichspannungsquelle verbunden. Leuchtet die Lampe, dann ist die Diode in Durchlassrichtung geschaltet. Wird an der Spannungsquelle umgepolt oder die Diode gedreht, wird die Sperrrichtung demonstriert, d. h., die Lampe leuchtet nicht.

6.4.2 Gleichrichtung von Wechselstrom

Aufgabe 7

7.1.1 Die Geschwindigkeit nimmt mit der Zeit immer stärker zu.

7.1.2 *Berechnung:*

Ges.: v in $\frac{km}{h}$ Geg.: $T = 90 \text{ min} = 1,5 \text{ h}$
$h = 250 \text{ km}$
$r_E = 6\,370 \text{ km}$

Lösung:

$v = \dfrac{2\pi \cdot r}{T}$ $(r = r_E + h)$

$v = \dfrac{2\pi \cdot 6\,620 \text{ km}}{1,5 \text{ h}}$

$= 27\,730 \dfrac{\text{km}}{\text{h}}$

Ergebnis: Die Geschwindigkeit beträgt $27\,730 \frac{\text{km}}{\text{h}}$.

7.1.3 Beim Eintauchen in die Erdatmosphäre entsteht eine große Wärme durch Reibung. Ohne Hitzeschild würde die Kapsel verglühen.

7.2.1 Tritt der Mond in den Schatten der Erde, so entsteht eine Mondfinsternis. Die Erde befindet sich genau zwischen Sonne und Mond. Bei einer totalen Mondfinsternis befindet sich der Mond vollständig im Kernschatten der Erde. Eine Mondfinsternis kann deshalb nur bei Vollmond stattfinden.

7.2.2 Nach einer Woche ist ein abnehmender Halbmond zu sehen.

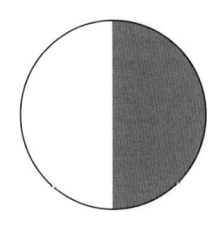

7.3.1 Saturn ist der 6. Planet unseres Sonnensystems. Er ist ein Gasplanet. Seine äußeren Ringe unterscheiden ihn von den anderen Planeten.

7.3.2 Monde bewegen sich um Planeten. Sie werden häufig als „Begleiter" eines Planeten bezeichnet.

7.3.3 Höhe bei Kulmination: 15° Untergangszeit: 2:15 Uhr

7.4.1 Hertz'sche Wellen übertragen die Informationen.

7.4.2 *Berechnung:*
Ges.: t in h Geg.: $s = 1{,}8 \cdot 10^{10}$ km
$c = 3 \cdot 10^5 \frac{km}{s}$

Lösung:
$c = \frac{s}{t}$

$t = \frac{s}{c}$

$t = \frac{1{,}8 \cdot 10^{10} \text{ km}}{3 \cdot 10^5 \frac{km}{s}}$

$= 6 \cdot 10^4$ s

$= 6 \cdot 10^4 : 3600$ h $= 16{,}7$ h

Ergebnis: Das Signal benötigt tatsächlich ca. 17 Stunden.

7.4.3 *Berechnung:*
Ges.: s in km Geg.: $t = 1$ Jahr $= 8760$ h
$v = 54\,000 \frac{km}{h}$

Lösung:
$s = v \cdot t$

$s = 54\,000 \frac{km}{h} \cdot 8760$ h

$= 473\,040\,000$ km $= 4{,}7 \cdot 10^8$ km

Ergebnis: In einem Jahr legt die Sonde einen Weg von ca. $4{,}7 \cdot 10^8$ km zurück.

Realschulabschluss 2019 Physik (Sachsen)
Pflichtaufgaben

Aufgabe 1: Elektrizitätslehre BE

Vom Lehrer werden Ihnen zwei Experimente mit einem Transformator nach folgendem Schaltplan vorgeführt. Für jedes Experiment wird eine andere Spannungsart verwendet.

1.1 Beobachten Sie in beiden Experimenten die Glühlampen nach dem Schließen des Stromkreises. 2
Notieren Sie Ihre Beobachtungen.

1.2 Geben Sie für jedes Experiment die verwendete Spannungsart an. 1
Begründen Sie Ihre Entscheidung mit der Wirkungsweise des Transformators. 2

1.3 Nennen Sie ein Gerät, in dem ein Transformator verwendet wird. 1

Aufgabe 2: Astronomie

Am 12. Oktober 2017 gegen 7:41 Uhr flog der Asteroid 2012 TC4 knapp an der Erde vorbei. Seine geringste Entfernung zur Erde betrug 44 000 km.

2.1 Nennen Sie zwei weitere Himmelskörper in unserem Sonnensystem. 1

2.2 Die Entfernung eines Asteroiden kann mit Radarsignalen gemessen werden.
Nennen Sie die Wellenart, die dafür genutzt wird. 1
Geben Sie eine Eigenschaft von Wellen an, die die Entfernungsmessung ermöglicht. 1

2.3 Der Asteroid passiert zu diesem Zeitpunkt das Sternbild Zwillinge.
Bestimmen Sie mit der drehbaren Sternkarte Azimut und Höhe des Sterns Kastor. 2

Aufgabe 3: Mechanik

Der Triathlon ist eine der größten sportlichen Herausforderungen für Extremsportler. Bei der Weltmeisterschaft – dem Ironman auf Hawaii – belegte Patrick Lange 2018 den ersten Platz. Jeder Teilnehmer muss zuerst 3,8 km schwimmen, dann 180 km Rad fahren und schließlich 42,2 km laufen.
Patrick Lange benötigte insgesamt 7 Stunden, 52 Minuten und 39 Sekunden.
Seine durchschnittliche Geschwindigkeit beim Schwimmen betrug $4,5 \, \frac{km}{h}$.
Die Radstrecke legte er in 4 Stunden und 29 Minuten zurück.

3.1 Berechnen Sie die Zeit, die Patrick Lange für die Schwimmstrecke benötigte. 2

3.2 Berechnen Sie die Durchschnittsgeschwindigkeit für die Radstrecke. 3

3.3 Der Bewegungsverlauf des Wettkampfes wurde in einem s(t)-Diagramm dargestellt.
Entscheiden und begründen Sie, welches Diagramm dem Bewegungsablauf näherungsweise entspricht. 3

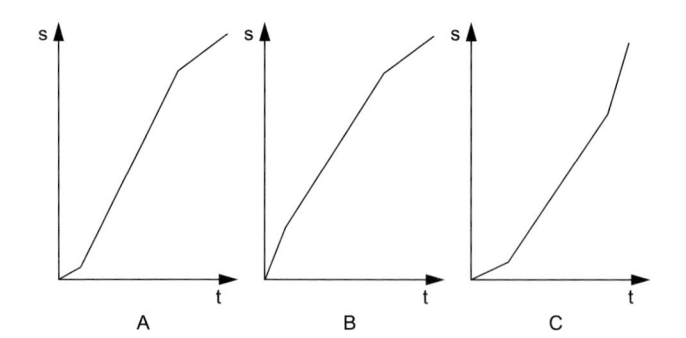

Aufgabe 4: Optik

Glasfaserkabel sind eine wesentliche Grundlage der modernen Informationsübertragung. Sie ermöglichen Highspeed-Surfen, Telekommunikation und die Übertragung von Fernsehprogrammen.

4.1 Im Glasfaserkabel wird die Totalreflexion genutzt.
Nennen Sie beide Bedingungen für das Auftreten der Totalreflexion. 2

4.2 Licht trifft aus Glas ($c = 199\,000 \, \frac{km}{s}$) kommend auf die Grenzfläche zu Luft.
Der Einfallswinkel beträgt 50°.
Weisen Sie durch Rechnung nach, dass Totalreflexion auftritt. 3
Zeichnen Sie den zugehörigen Strahlenverlauf. 1

Tipps und Hinweise zu den Pflichtaufgaben

Tipps zu Aufgabe 1

Teilaufgabe 1.2
- Unter welcher Voraussetzung kann eine Spannung transformiert werden?

Teilaufgabe 1.3
- Können Laptops oder Handys direkt an das Stromnetz angeschlossen werden?

Tipps zu Aufgabe 2

Teilaufgabe 2.2
- Welche Wellenart kann sich im Weltall ausbreiten?
- Welche Eigenschaft sorgt dafür, dass ein Signal vom Objekt zurückkommt?

Teilaufgabe 2.3
- Stellen Sie auf der drehbaren Sternkarte Datum und Uhrzeit ein.
- Suchen Sie den Stern Kastor im Sternbild Zwillinge.

Tipps zu Aufgabe 3

Teilaufgabe 3.1/3.2
- Suchen Sie die Formeln zu der Bewegungsart in der Formelsammlung.

Teilaufgabe 3.3
- Betrachten Sie die Anstiege der Geradenabschnitte.
- Wie hängen Anstieg und Geschwindigkeit zusammen?

Tipps zu Aufgabe 4

Teilaufgabe 4.2
- Das Brechungsgesetz finden Sie in der Formelsammlung.
- Berechnen Sie zunächst den Grenzwinkel für die Totalreflexion.
- Vergleichen Sie den Grenzwinkel mit dem vorgegebenen Einfallswinkel.
- Beachten Sie, dass Einfalls- und Reflexionswinkel vom Einfallslot aus gemessen werden.

Lösungen zu den Pflichtaufgaben

Aufgabe 1

1.1 *Beobachtung:*
Experiment 1: Lampe 1 leuchtet, Lampe 2 leuchtet nicht
Experiment 2: Lampe 1 leuchtet, Lampe 2 leuchtet

1.2 Experiment 1: Gleichspannung
Experiment 2: Wechselspannung
In einem Transformator wird die elektromagnetische Induktion genutzt, um von einem Primärstromkreis eine Spannung in den Sekundärstromkreis zu übertragen. Voraussetzung für die Induktion ist ein sich veränderndes Magnetfeld in der Primärspule. Das ist nur mit Wechselspannung möglich.

1.3 Beispiel: Netzteil eines Laptops

Aufgabe 2

2.1 Himmelskörper: Planeten, Kometen
(*Weitere Beispiele:* Monde, Sonne)

2.2 Wellenart: Hertz'sche Wellen
Eigenschaft: Reflexion

2.3 Azimut: 50°
Höhe: 61°

Aufgabe 3

3.1 *Berechnung:*
Ges.: t in min   Geg.: $s = 3{,}8 \text{ km} = 3\,800 \text{ m}$
$$v = 4{,}5\,\frac{\text{km}}{\text{h}} = 1{,}25\,\frac{\text{m}}{\text{s}}$$

Lösung:
$s = v \cdot t$
$t = \dfrac{s}{v}$
$t = \dfrac{3\,800 \text{ m}}{1{,}25\,\frac{\text{m}}{\text{s}}}$
$= 3\,040 \text{ s}$
$\approx 50{,}7 \text{ min}$

Ergebnis: Die Schwimmstrecke wurde in rund 50,7 min zurückgelegt.

3.2 *Berechnung:*
Ges.: v in $\frac{km}{h}$ Geg.: $t = 4\,h\ 29\,min = 4,48\,h$
$s = 180\,km$

Lösung:
$s = v \cdot t$

$v = \frac{s}{t}$

$v = \frac{180\,km}{4,48\,h}$

$\approx 40,2\,\frac{km}{h}$

Ergebnis: Die Durchschnittsgeschwindigkeit für die Radstrecke betrug rund $40,2\,\frac{km}{h}$.

3.3 Diagramm A
Begründung:
Am Anstieg der Geradenabschnitte erkennt man die Geschwindigkeit. Im Diagramm A ist die Geschwindigkeit im ersten Abschnitt (Schwimmen) gering, im zweiten Abschnitt (Radfahren) am größten und im dritten Abschnitt (Laufen) größer als im ersten.

Aufgabe 4

4.1 *Bedingungen:*
Das Licht muss auf die Grenzfläche zwischen einem optisch dichteren und einem optisch dünneren Medium treffen und sich dabei im optisch dichteren Medium befinden. Der Einfallswinkel muss größer sein als ein bestimmter Winkel (Grenzwinkel der Totalreflexion).

4.2 *Berechnung des Grenzwinkels der Totalreflexion:*
Ges.: α Geg.: $\beta = 90°$
$c_{Luft} = 299\,711\,\frac{km}{s}$
$c_{Glas} = 199\,000\,\frac{km}{s}$

Lösung:
$\frac{\sin\alpha}{\sin\beta} = \frac{c_{Glas}}{c_{Luft}}$

$\sin\alpha = \frac{\sin\beta \cdot c_{Glas}}{c_{Luft}}$

$= \frac{\sin 90° \cdot 199\,000\,\frac{km}{s}}{299\,711\,\frac{km}{s}}$

$= 0,66$

$\alpha = 41,6°$

Ergebnis: Der Einfallswinkel von 50° ist größer als der Grenzwinkel der Totalreflexion. Also tritt Totalreflexion auf.

Strahlenverlauf:

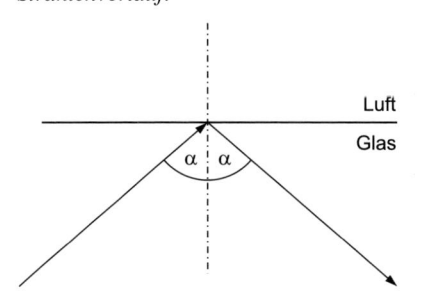

Realschulabschluss 2019 Physik (Sachsen)
Wahlaufgaben

Von den folgenden Aufgaben 5, 6 und 7 haben Sie nur eine zu lösen.

Aufgabe 5: Mechanische Schwingungen BE

5.1 Schülerexperiment Fadenpendel
Untersuchen Sie die Abhängigkeit der Periodendauer T von der Pendellänge ℓ.
Bearbeiten Sie die Aufgabe entsprechend der Arbeitsschritte beim Experimentieren:
- *Vorbereitung* (notwendige Arbeitsmittel; Messwerttabelle) 2
- *Durchführung* (Aufbau; Messwerte) 3
- *Auswertung* (Diagramm; Ergebnis; Fehlerbetrachtung) 5

5.2 An der Westsächsischen Hochschule in Zwickau können Besucher ein Fadenpendel der Länge 10,6 m beobachten. Die Pendelmasse beträgt 35 kg.

5.2.1 Berechnen Sie die Schwingungsdauer. 3

5.2.2 Begründen Sie, dass die Schwingungsdauer dieses Pendels auf dem Mond deutlich größer wäre als auf der Erde. 2

5.2.3 Geben Sie an, wie sich eine doppelt so große Pendelmasse auf die Periodendauer auswirkt. Begründen Sie. 2

5.3 Mechanische Schwingungen können gedämpft oder ungedämpft sein.

5.3.1 Skizzieren Sie jeweils ein entsprechendes y(t)-Diagramm für mindestens zwei Perioden. 4

5.3.2 Nennen Sie ein Beispiel für eine ungedämpfte mechanische Schwingung. 1

5.3.3 Fadenpendel führen gedämpfte Schwingungen aus.
Geben Sie die Energieumwandlungen während einer Periode an. 3

Aufgabe 6: Thermodynamik

6.1 Zimmer-, Außen-, Fieber- und Kühlschrankthermometer gibt es auch als Flüssigkeitsthermometer.

6.1.1 Geben Sie die im Bild angezeigte Temperatur an. 1

6.1.2 Entscheiden Sie, für welche der oben genannten Anwendungen dieses Thermometer geeignet ist. 1

6.1.3 Erklären Sie die Wirkungsweise eines Flüssigkeitsthermometers. 2

6.1.4 Geben Sie neben dem Flüssigkeitsthermometer eine weitere Thermometerart an. 1

6.2 Ein mit Eis aus dem Tiefkühlschrank gefülltes Becherglas steht auf einem Tisch. Nach einiger Zeit befindet sich im Glas nur noch Wasser mit Zimmertemperatur.

6.2.1 Geben Sie die dabei stattfindende Aggregatzustandsänderung an. 1

6.2.2 Skizzieren Sie den zugehörigen Temperaturverlauf in einem $\vartheta(t)$-Diagramm. 3

6.3 Bei Erwärmung oder Abkühlung ändern Körper ihr Volumen. Für Wasser gelten dabei Besonderheiten.

6.3.1 Gegeben sind drei gleich große Gefäße mit jeweils 100 g Wasser mit den Temperaturen 10 °C, 4 °C und 2 °C.

A   B   C

Welches Gefäß enthält Wasser der Temperatur 4 °C? 1
Begründen Sie. 2

6.3.2 Eine Glasflasche mit Wasser wird über Nacht in einen Tiefkühlschrank gelegt. Am nächsten Morgen ist die Flasche zerstört.
Begründen Sie. 2
Nennen Sie ein weiteres Beispiel für diese zerstörende Wirkung des Wassers. 1

6.4 Ein Wasserkocher der Leistung 2 000 W bringt 1,5 Liter Wasser der Temperatur 20 °C zum Sieden. Die dem Wasser zugeführte Wärmemenge beträgt etwa 500 kJ.

6.4.1 Weisen Sie rechnerisch die zugeführte Wärmemenge nach. 3

6.4.2 Berechnen Sie die Zeit, die der Wasserkocher bis zum Sieden des Wassers mindestens benötigt. 3
Nennen Sie einen Grund, weshalb die tatsächlich benötigte Zeit größer ist. 1

6.5 Wasser ist zur Wärmeübertragung in Heizungsanlagen besonders geeignet.

6.5.1 Begründen Sie aus physikalischer Sicht. 2

6.5.2 Nennen Sie eine Art der Wärmeübertragung. 1

Aufgabe 7: Unterwegs im Erzgebirge

7.1 Der Stoneman Miriquidi ist ein Fahrradrundkurs über 9 Gipfel des Erzgebirges. Seine Gesamtstrecke beträgt 162 km.

7.1.1 Ein Fahrer hat diese Strecke in 9 h 45 min Fahrzeit zurückgelegt.
Ermitteln Sie die Durchschnittsgeschwindigkeit. 3

7.1.2 Bei einer Abfahrt wird der Fahrer gleichmäßig beschleunigt. Er erreicht aus dem Stand in 50 s die Geschwindigkeit 36 $\frac{km}{h}$. Anschließend rollt er mit der erreichten Geschwindigkeit noch 20 s weiter.
Zeichnen Sie für den Vorgang ein v(t)-Diagramm. 3
Berechnen Sie die im ersten Bewegungsabschnitt wirkende Beschleunigung. 3
Begründen Sie, dass die Beschleunigung im zweiten Bewegungsabschnitt 0 beträgt. 1

7.2 In der Nähe von Markersbach befindet sich ein Pumpspeicherkraftwerk. Dort wird Wasser ins Oberbecken gepumpt und so Energie gespeichert. Bei Bedarf treiben Turbinen mithilfe des herabströmenden Wassers Generatoren an. Der Höhenunterschied zwischen Unter- und Oberbecken beträgt 288 m.

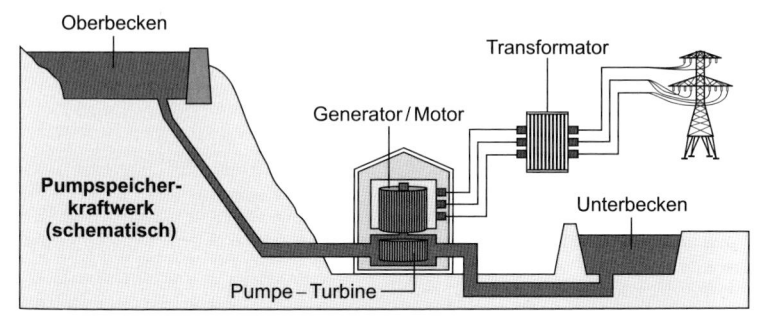

7.2.1 Der Betrag der potenziellen Energie wird mit folgender Formel berechnet.

$E = m \cdot g \cdot h$	E	Energie in J
	m	Masse in kg
	g	Fallbeschleunigung in $\frac{m}{s^2}$
	h	Höhe in m

Berechnen Sie, wie viel Kilogramm Wasser im Oberbecken die potenzielle Energie 3 600 kJ hat. (3 600 kJ = 1 kWh) 3

7.2.2 Begründen Sie, dass die nutzbare elektrische Energie kleiner ist als die potenzielle Energie des Wassers. 2

7.2.3 Beschreiben Sie die Funktionsweise eines Generators. 3
Geben Sie die wesentliche Energieumwandlung in einem Generator an. 1

7.3　Die Fichtelbergbahn verbindet die Orte Cranzahl und Oberwiesenthal. Deren Züge werden von Dampfloks gezogen.

7.3.1　Geben Sie die auftretenden Energieumwandlungen bei einer Dampflok an.　　2

7.3.2　Der Wirkungsgrad einer Dampflok beträgt 8 %.
Erläutern Sie diese Aussage.　　2

7.4　In Scheibenberg befindet sich ein Solarpark mit Solarmodulen.
Nennen Sie einen Vorteil und einen Nachteil beim Betrieb solcher Anlagen.　　2

Tipps und Hinweise zu den Wahlaufgaben

Tipps zu Aufgabe 5

Teilaufgabe 5.1
- Welche Größen müssen bestimmt werden?
- Welche Geräte sind dazu erforderlich?
- Achten Sie auf eine sinnvolle Einteilung und korrekte Beschriftung der Diagrammachsen.

Teilaufgabe 5.2.1
- Die Formel zur Berechnung der Schwingungsdauer finden Sie in der Formelsammlung.

Teilaufgabe 5.2.2/5.2.3
- Nehmen Sie die Formel zur Berechnung der Schwingungsdauer für die Begründungen zu Hilfe.
- Mit Schwingungsdauer und Periodendauer ist dasselbe gemeint.

Teilaufgabe 5.3.1
- Welche Größe ändert sich bei einer gedämpften Schwingung?

Teilaufgabe 5.3.3
- Betrachten Sie die Energieumwandlungen für eine vollständige Schwingung.
- Denken Sie an die Ursachen für eine Dämpfung der Schwingung.

Tipps zu Aufgabe 6

Teilaufgabe 6.1.2
- Beachten Sie die geringste und größtmögliche Temperatur.

Teilaufgabe 6.1.3
- Beachten Sie bei der Erläuterung der Wirkungsweise den Zusammenhang zwischen Ursache und Wirkung.

Teilaufgabe 6.2.2
- Überlegen Sie, ob die Temperatur gleichmäßig steigt.

Teilaufgabe 6.3.1
- Denken Sie an eine besondere Eigenschaft des Wassers bei dieser Temperatur.

Teilaufgabe 6.4.1
- Die entsprechende Formel finden Sie in der Formelsammlung.
- 1 Liter Wasser entspricht der Masse 1 kg.

Tipps zu Aufgabe 7

Teilaufgabe 7.1.1
- Die entsprechende Formel finden Sie in der Formelsammlung.
- Achten Sie auf die richtigen Einheiten.

Teilaufgabe 7.1.2
- Achten Sie auf eine sinnvolle Einteilung und Beschriftung der Diagrammachsen.
- Die entsprechende Formel finden Sie in der Formelsammlung.
- Achten Sie auf die richtigen Einheiten.

Teilaufgabe 7.2.1
- Stellen Sie die angegebene Formel nach m um.

Teilaufgabe 7.2.3
- Geben Sie wesentliche Teile des Generators an.
- Wie wirken die Teile zusammen?

Teilaufgabe 7.3.2
- Wie ist der Wirkungsgrad definiert?

Lösungen zu den Wahlaufgaben

Aufgabe 5

5.1 Schülerexperiment
Vorbereitung:

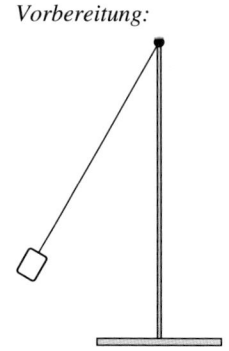

Arbeitsmittel: Pendel mit verstellbarer Pendellänge, Stoppuhr

Das Pendel wird um einen festen Winkel ausgelenkt und somit in Schwingung versetzt. Mithilfe einer Stoppuhr wird die Zeit t gemessen, die das Pendel für 10 vollständige Schwingungen benötigt. Danach wird die Pendellänge ℓ schrittweise verändert und das Experiment wiederholt.

Durchführung:
Messwerttabelle:

ℓ in cm	t in s	T in s
20	9,0	0,90
40	12,0	1,20
60	15,0	1,50
80	18,2	1,82

Dabei ist ℓ die Pendellänge, t die Zeit für 10 Schwingungen und $T = \frac{t}{10}$ die zugehörige Periodendauer.

Auswertung:
T(ℓ)-Diagramm:

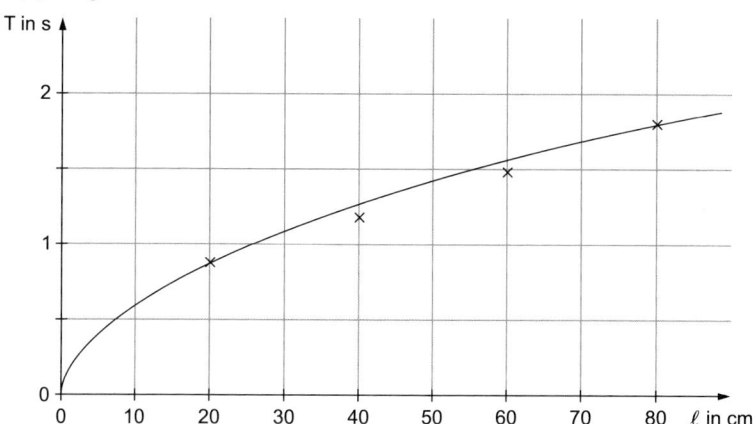

Ergebnis: Je länger die Pendellänge, desto größer die Periodendauer. Es gilt: $T \sim \sqrt{\ell}$
Mögliche Fehler: Ungenauigkeiten beim Auslenkungswinkel; ungenaue Zeitbestimmung

5.2.1 *Berechnung:*
Ges.: T   Geg.: $\ell = 10,6$ m
$\qquad\qquad\qquad\qquad g = 9,81 \frac{m}{s^2}$

Lösung:

$$T = 2\pi \cdot \sqrt{\frac{\ell}{g}}$$

$$T = 2\pi \cdot \sqrt{\frac{10,6 \text{ m}}{9,81 \frac{m}{s^2}}}$$

$$\approx 6,53 \text{ s}$$

Ergebnis: Die Schwingungsdauer beträgt rund 6,5 s.

5.2.2 Die Fallbeschleunigung auf dem Mond beträgt nur $\frac{1}{6}$ der Fallbeschleunigung auf der Erde. Die Mondanziehung ist also geringer und die Schwingungsdauer deshalb größer.

5.2.3 Die Periodendauer ist unabhängig von der Pendelmasse (siehe Formel), deshalb hat diese keine Auswirkung.

5.3.1 Gedämpfte Schwingung: Ungedämpfte Schwingung:

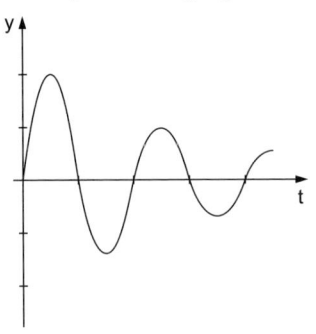

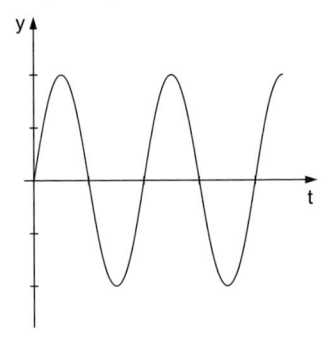

5.3.2 Beispiel für (nahezu) ungedämpfte mechanische Schwingung: angeschlagene Saite eines Musikinstrumentes

5.3.3 Potenzielle Energie wird in kinetische Energie umgewandelt und kinetische Energie in potenzielle Energie. Außerdem wandelt sich mechanische Energie in thermische Energie durch Reibung um.

Aufgabe 6

6.1.1 36,8°

6.1.2 Fieberthermometer

6.1.3 Wirkungsweise:
Bei einem Flüssigkeitsthermometer wird die Volumenänderung von Flüssigkeiten bei Temperaturänderung genutzt. Erhöht sich die Temperatur, vergrößert sich das Volumen und die Flüssigkeit im Anzeigeröhrchen steigt nach oben. Sinkt die Temperatur, verringert sich das Volumen der Flüssigkeit und die Höhe der Flüssigkeitssäule nimmt ab.

6.1.4 Widerstandsthermometer

6.2.1 Schmelzen

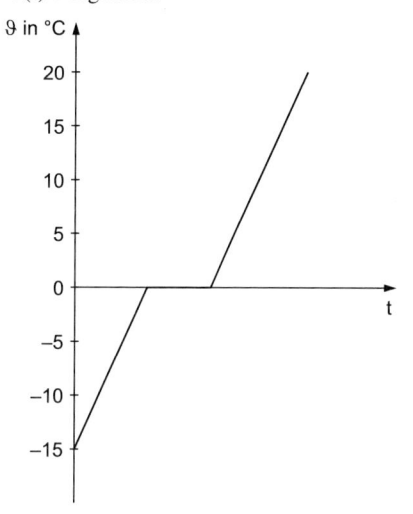

6.2.2 ϑ(t)-Diagramm:

ϑ in °C

(Diagramm mit Achsen bei 20, 15, 10, 5, 0, –5, –10, –15)

6.3.1 Gefäß A

Begründung:
Die Anomalie des Wassers bedeutet, dass bei 4 °C das Wasser das kleinste Volumen besitzt. Wird die Temperatur größer oder kleiner, nimmt das Volumen zu.

6.3.2 Bei Abkühlung unter 4 °C nimmt das Volumen des Wassers zu. Das Volumen der Flasche kann sich nicht ändern, also platzt die Flasche.

Beispiel: Gefrierendes Wasser in Hohlräumen von Straßenoberflächen führt zum Platzen der Oberfläche und zu sogenannten Schlaglöchern.

6.4.1 *Berechnung:*

Ges.: Q in kJ   Geg.: $c = 4{,}19 \, \dfrac{\text{kJ}}{\text{kg} \cdot \text{K}}$

$m = 1{,}5 \text{ kg}$

$\Delta T = (100 - 20) \text{ K}$

Lösung:
$Q = c \cdot m \cdot \Delta T$

$= 4{,}19 \, \dfrac{\text{kJ}}{\text{kg} \cdot \text{K}} \cdot 1{,}5 \text{ kg} \cdot 80 \text{ K}$

$= 502{,}8 \text{ kJ}$

Ergebnis: Die dem Wasser zugeführte Wärme beträgt rund 500 kJ.

6.4.2 *Berechnung:*
  Ges.: t in s   Geg.: $P = 2\,000$ W
                   $E = 500$ kJ

  Lösung:
  $E = P \cdot t$

  $t = \dfrac{E}{P}$

  $ = \dfrac{500 \text{ kJ}}{2\,000 \text{ W}}$ (1 Ws = 1 J)

  $ = \dfrac{500\,000 \text{ Ws}}{2\,000 \text{ W}}$

  $ = 250$ s

  Ergebnis: Es werden mindestens 250 s benötigt.
  Tatsächlich wird mehr Zeit gebraucht, denn außer dem Wasser muss auch das Gefäß erwärmt werden und es wird Wärme an die Umgebung abgegeben.

6.5.1 Wasser hat eine große spezifische Wärmekapazität, kann also viel Wärme aufnehmen und übertragen.

6.5.2 Wärmeströmung
  Weitere Antwortmöglichkeiten: Wärmeleitung, Wärmestrahlung

Aufgabe 7

7.1.1 *Berechnung:*
  Ges.: v in $\dfrac{\text{km}}{\text{h}}$ Geg.: t = 9 h 45 min = 9,75 h
                                                    s = 162 km

  Lösung:
  $v = \dfrac{s}{t}$

  $v = \dfrac{162 \text{ km}}{9,75 \text{ h}}$

  $ \approx 16,62 \dfrac{\text{km}}{\text{h}}$

  Ergebnis: Die Durchschnittsgeschwindigkeit beträgt rund 17 $\dfrac{\text{km}}{\text{h}}$.

7.1.2 v(t)-Diagramm:

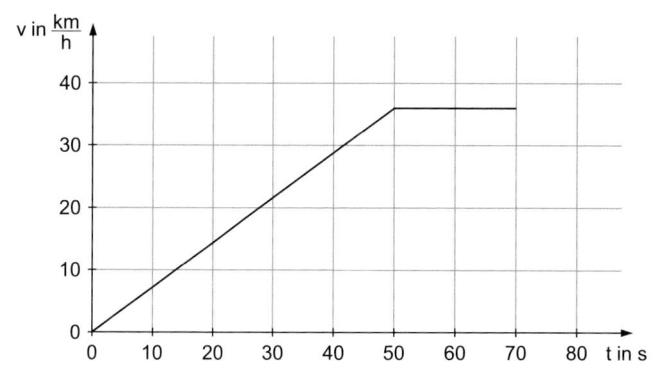

Berechnung:
Ges.: a in $\frac{m}{s^2}$

Geg.: $v = 36\,\frac{km}{h} = 10\,\frac{m}{s}$
$t = 50\,s$

Lösung:
$a = \frac{v}{t}$

$a = \frac{10\,\frac{m}{s}}{50\,s}$

$= 0{,}2\,\frac{m}{s^2}$

Ergebnis: Die Beschleunigung im ersten Abschnitt beträgt $0{,}2\,\frac{m}{s^2}$.

Begründung: Bei konstanter Geschwindigkeit ist die Beschleunigung 0.

7.2.1 *Berechnung:*
Ges.: m in kg

Geg.: $E = 3\,600\,kJ = 3\,600\,000\,J$
$h = 288\,m$

Lösung:
$E = m \cdot g \cdot h$

$m = \frac{E}{g \cdot h}$

$= \frac{3\,600\,000\,J}{9{,}81\,\frac{m}{s^2} \cdot 288\,m}$ $\quad (1\,J = 1\,Nm = 1\,\frac{kg \cdot m^2}{s^2})$

$= 1\,274\,kg$

Ergebnis: Die Wassermenge von etwa 1 274 kg entspricht der potenziellen Energie von 3 600 kJ.

7.2.2 Der Wirkungsgrad ist immer kleiner als 1 bzw. 100 %, d. h., ein Teil der Energie wird in nicht nutzbare Energie umgewandelt, z. B. durch Reibung.

7.2.3 Der Generator besteht aus folgenden wesentlichen Teilen: Stator mit Spulen, Rotor mit Spulen, Schleifringe.
Funktionsweise: Über die Schleifringe wird den Rotorspulen Gleichstrom zugeführt. In den Spulen wird ein Magnetfeld aufgebaut. Rotiert der Elektromagnet, wird in den feststehenden Statorspulen eine Wechselspannung induziert. Anstelle des Elektromagneten kann auch ein Dauermagnet eingesetzt werden.
Im Generator wird mechanische in elektrische Energie umgewandelt.

7.3.1 Chemische Energie wird in mechanische Energie umgewandelt.

7.3.2 Der Wirkungsgrad gibt das Verhältnis von nutzbarer zu aufgewandter Energie an. Bei einem Wirkungsgrad von 8 % betragen die Energieverluste 92 %. Bei einer Dampflok wird sehr viel thermische Energie an die Umgebung abgegeben.

7.4 Vorteil:
Es ist eine für den Klimaschutz sehr gut geeignete Form der Energiegewinnung.
Nachteil:
Es ist keine kontinuierliche Energiegewinnung möglich.

Realschulabschluss 2020 Physik (Sachsen)
Pflichtaufgaben und Wahlaufgaben

Das Corona-Virus hat im vergangenen Schuljahr auch die Prüfungsabläufe durcheinandergebracht und manches verzögert. Daher sind die Aufgaben und Lösungen zur Prüfung 2020 in diesem Jahr nicht im Buch abgedruckt, sondern erscheinen in digitaler Form.
Sobald die Original-Prüfungsaufgaben 2020 zur Veröffentlichung freigegeben sind, können sie als PDF auf der Plattform **MyStark** heruntergeladen werden (Zugangscode vgl. Farbseiten vorne im Buch).

Prüfung 2020

www.stark-verlag.de/mystark